関東・甲信越

御朱印を求めて歩く
山の神社・仏閣
札所ガイド

改訂版

山歩おへんろ倶楽部 著

メイツ出版

はじめに

INTRODUCTION

いにしえには、山は異界として立ち入りはタブーとされていました。奈良県にある三輪山など、今でも入山制限を敷くのはその名残です。平安時代、そんな異界に踏み込み、山の霊力と一体になって修行を重ね、超越的な力を得ようとする修験道の行者たちが現れました。

修験道は仏教や神道、道教をベースに成立した日本独自の信仰体系で、飛鳥時代に実在した役行者を開祖とします。中世には全国各地に霊山が誕生し、多数の修験者が集って隆盛を迎えました。現在、山にある神社仏閣はこの修験道ゆかりのものが多くあります。

江戸時代に入ると、山に対する信仰は民衆にも広がり、講という組織を結成して集団登拝することも一般化しました。

欧米とは異なり、日本人の山登りがスポーツの枠に収まらないのは、山岳信仰を色濃く受け継いでいるためです。ご来光に手を合わせるのは日本人ならではで、信仰登山の影響といえます。山上の聖地を訪ねたくなるのは、山岳信仰がＤＮＡに刻まれているからでしょう。

関東・甲信越を中心に、東日本にある山上の霊域を選びました。信仰の奥行きを理解してもらうため、創建の物語＝縁起にもふれてあります。

ご利益は心がけしだいですが、日常を離れて山にある聖地をめぐれば、身体の中から力が湧いてくるのを実感するにちがいありません。山上にそよぐ風に身を任せれば心も癒され、何か大きなものに抱かれている安堵感にも包まれることでしょう。それ自体が大きなご利益ともいえます。

山の霊力を身体に取り込みに、明日の活力にしましょう。また、いただいた御朱印は、聖地をめぐった素敵な思い出になってくれると思います。

神社の参拝、御朱印のいただき方

1 鳥居の前で一礼してから境内に入りましょう

神社の正門である鳥居をくぐるときには、軽く一礼してから。なお、参道の真ん中は神様が通る道。少し端を歩きましょう。

2 手水舎で手と口をすすいで心身を清めます

手水舎で、必ず手と口をすすいで清浄しましょう。お参りする前の大切な作法の一つです。忘れずに。

3 二拝二拍手一拝

① 賽銭を入れます

② 鈴を鳴らします……社殿に鈴があるなら、参拝の前に鳴らします。

③ 二拝……背中を真っすぐにし、腰を90度ほどに折っておじぎをします。2回行います。

④ 二拍手……胸の高さで両手を合わせ、右指先を少し下にずらし、2回手を打ちます。

⑤ 一拝……指先をそろえてお参りした後、最後にもう一度拝をします。

4 御朱印は授与所が窓口であることが多い

神社では、お札やお守りの授与所、もしくは社務所で御朱印を扱っていることが多いです。

5 御朱印をいただく

御朱印を書いている間は、話しかけたり一方的におしゃべりしたりせず、静かに待ちましょう。

本書掲載の御朱印の見方

御朱印の画像の横には、御朱印に書かれている墨書や朱印の内容を掲載しています。参考にしてください。

また、一部寺社の意向により御朱印画像の掲載のないページがあります。画像掲載がなくても御朱印はいただけますので、注意書きをご参照ください。

例

●奉拝
飯縄大権現
令和元年十一月十三日
髙尾山薬王院

お寺の参拝、御朱印のいただき方

1 山門では一礼するのがマナー

お寺の境内に入るときには、お寺の正面玄関ともいえる山門から入りましょう。そして、通る前に一礼するのがマナーです。

2 手と口をすすぎ心身を清めよう

境内に手水舎があれば、必ず手を洗い、口をすすいでからお参りしましょう。心身の清浄は大切なマナーの一つです。

3 ご本尊にお参りする

お賽銭を入れ、静かに手を合わせます。お寺では手は叩きません。御朱印はあくまで「参拝したあかし」。必ず参拝してから御朱印をいただくことは、御朱印集めの最低限のルールといえます。

4 御朱印をいただく

納経所や御朱印受付などの窓口に、自分の御朱印帳を差し出してお願いすればOK。目の前で巧みな筆さばきを堪能しましょう。

1

2

3

4

登山の服装と装備、心得・マナー

本書では車やケーブルカー、ロープウェイなどを使って行ける寺社と、山道を歩いて訪ねる寺社を取り上げています。ハイキング程度のコースから、本格的な登山コースまでさまざまですので、服装や装備は各コースに合わせて慎重に検討しましょう。

★服装

夏場なら汗対策、寒い季節なら防寒対策が基本の要素ですが、さらに雨を想定した防水対策、標高差の大きいコースを歩くなら細かい温度調整が可能な服が理想です。いろいろと予測して服選びをしましょう。

★装備

山歩きに必要な装備と言えば、まずは靴とザック。靴なら自分の足型に合ったもの、ザックなら自分の身長や肩幅に合ったもの（または調整できるもの）など、どちらも自分に合うものを選ぶことがもっとも大切な要素です。はじめて購入する場合は、山歩きの先輩にアドバイスしてもらうか、山に詳しいスタッフのいる登山専門店で相談するなどして、最適なものを選びましょう。

★心得・マナー

- まず、準備体操をしてから出発しましょう。
- 歩き始めはゆっくりと。常に一定のペースを心がけましょう。
- 40〜50分歩いたら1回休憩。休憩のたびに水分補給を忘れずにしましょう。
- 服装の温度調整はこまめに。暑いと思ったら1枚脱ぎ、寒いと思ったら1枚着ましょう。
- 登山者と出会ったら、「こんにちは」などの挨拶をかわしましょう。
- ゴミはすべて持ち帰りましょう。
- 登山道は原則「登り優先」で。

目次

CONTENTS

※本書は2018年発行の『関東・甲信越 山の神社・仏閣 札所ガイド　御朱印を求めて歩く』を元に情報更新を行い、改訂版として新たに発行したものです。

はじめに……2
神社・お寺の参拝、御朱印のいただき方……4
登山の服装と装備・心得・マナー……5
エリア別マップ……8

東京都

高尾山　高尾山薬王院……10
高水山　高水山　常福院……14
御岳山　武蔵御嶽神社……16

神奈川県

大山　大山阿夫利神社……20
南足柄　大雄山　最乗寺……22
箱根山　箱根神社……24
東丹沢　日向山宝城坊　日向薬師……28
鎌倉　錦屏山　瑞泉寺……30

埼玉県

奥秩父　大日向山　大陽寺……32
御嶽山　金鑚神社……34
妙法ヶ岳　三峯神社……36
宝登山　寳登山神社……40
両神山　両神神社……42

千葉県

鹿野山　鹿野山　神野寺……44
清澄山　千光山　清澄寺……46
鋸山　日本寺……48

茨城県

加波山　加波山三枝祇神社本宮……50
加波山　加波山神社……52
筑波山　筑波山神社……54
八溝山　八溝嶺神社……56

栃木県
太平山　太平山神社……58
石裂山　加蘇山神社……60
鷲子山　鷲子山上神社……64
那須岳　那須温泉神社……66
男体山　日光二荒山神社……68

群馬県
赤城山　赤城神社……72
草津白根山　白根神社……76
妙義山　妙義神社……78
迦葉山　龍華院　弥勒寺……80

新潟県
妙高山　関山神社……82
八海山　八海山尊神社……84
弥彦山　彌彦神社……86

長野県
有明山　有明山神社……88
御嶽山　御嶽神社……90
小菅山　小菅神社……94
守屋山　諏訪大社上社前宮……96
戸隠山　戸隠神社……98
奥穂高岳　穂高神社……100
皆神山　皆神神社……102

山梨県
甲斐駒ヶ岳　甲斐駒ヶ嶽神社……104
金峰山　金櫻神社……106
七面山　七面山敬慎院……108
身延山　身延山久遠寺……110

静岡県
秋葉山　秋葉山本宮　秋葉神社……114
岩戸山の麓　伊豆山神社……116
久能山　久能山　東照宮……118
富士山　富士山本宮浅間大社……120

富山県
立山　雄山神社……124

索引　インデックス……126

本書について

●本書で紹介している記事・情報・データなどは、2021年9月現在のものです。

●歩行時間は、地図上で算出しているため、多少の誤差が生じる場合があります。見学時間、休憩は含まれていません。

エリア別マップ

栃木県

㉑太平山　太平山神社……58
㉒石裂山　加蘇山神社……60
㉓鷲子山　鷲子山上神社……64
㉔那須岳　那須温泉神社……66
㉕男体山　日光二荒山神社……68

茨城県

⑰加波山　加波山三枝祇神社本宮……50
⑱加波山　加波山神社……52
⑲筑波山　筑波山神社……54
⑳八溝山　八溝嶺神社……56

埼玉県

⑨奥秩父　大日向山　大陽寺……32
⑩御嶽山　金鑽神社……34
⑪妙法ヶ岳　三峯神社……36
⑫宝登山　寶登山神社……40
⑬両神山　両神神社……42

東京都

①高尾山　髙尾山薬王院……10
②高水山　高水山　常福院……14
③御岳山　武蔵御嶽神社……16

千葉県

⑭鹿野山　鹿野山　神野寺……44
⑮清澄山　千光山　清澄寺……46
⑯鋸山　日本寺……48

神奈川県

④大山　大山阿夫利神社……20
⑤南足柄　大雄山　最乗寺……22
⑥箱根山　箱根神社……24
⑦東丹沢　日向山宝城坊 日向薬師……28
⑧鎌倉　錦屏山　瑞泉寺……30

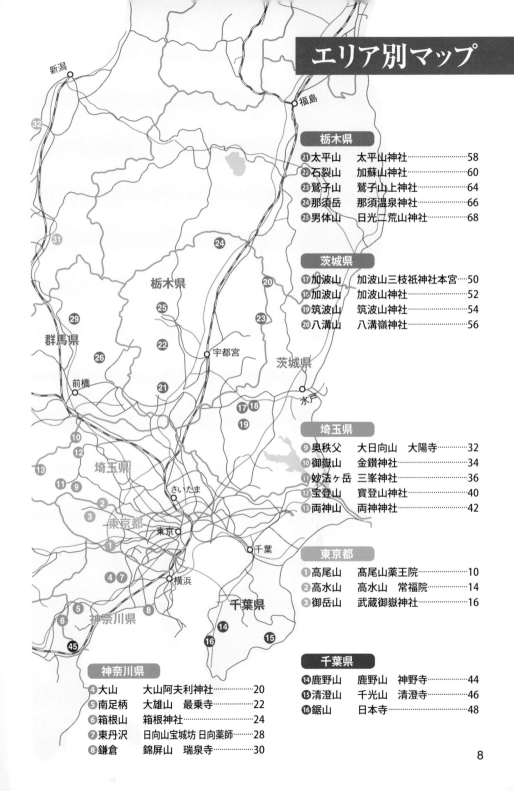

群馬県

㉖赤城山　赤城神社……72
㉗草津白根山　白根神社……76
㉘妙義山　妙義神社……78
㉙迦葉山　龍華院　弥勒寺……80

新潟県

㉚妙高山　関山神社……82
㉛八海山　八海山尊神社……84
㉜弥彦山　彌彦神社……86

富山県

㊽立山　雄山神社……124

長野県

㉝有明山　有明山神社……88
㉞御嶽山　御嶽神社……90
㉟小菅山　小菅神社……94
㊱守屋山　諏訪大社上社前宮……96
㊲戸隠山　戸隠神社……98
㊳奥穂高岳　穂高神社……100
㊴皆神山　皆神神社……102

山梨県

㊵甲斐駒ヶ岳　甲斐駒ヶ嶽神社……104
㊶金峰山　金櫻神社……106
㊷七面山　七面山敬慎院……108
㊸身延山　身延山久遠寺……110

静岡県

㊹秋葉山　秋葉山本宮　秋葉神社……114
㊺岩戸山の麓　伊豆山神社……116
㊻久能山　久能山　東照宮……118
㊼富士山　富士山本宮浅間大社……120

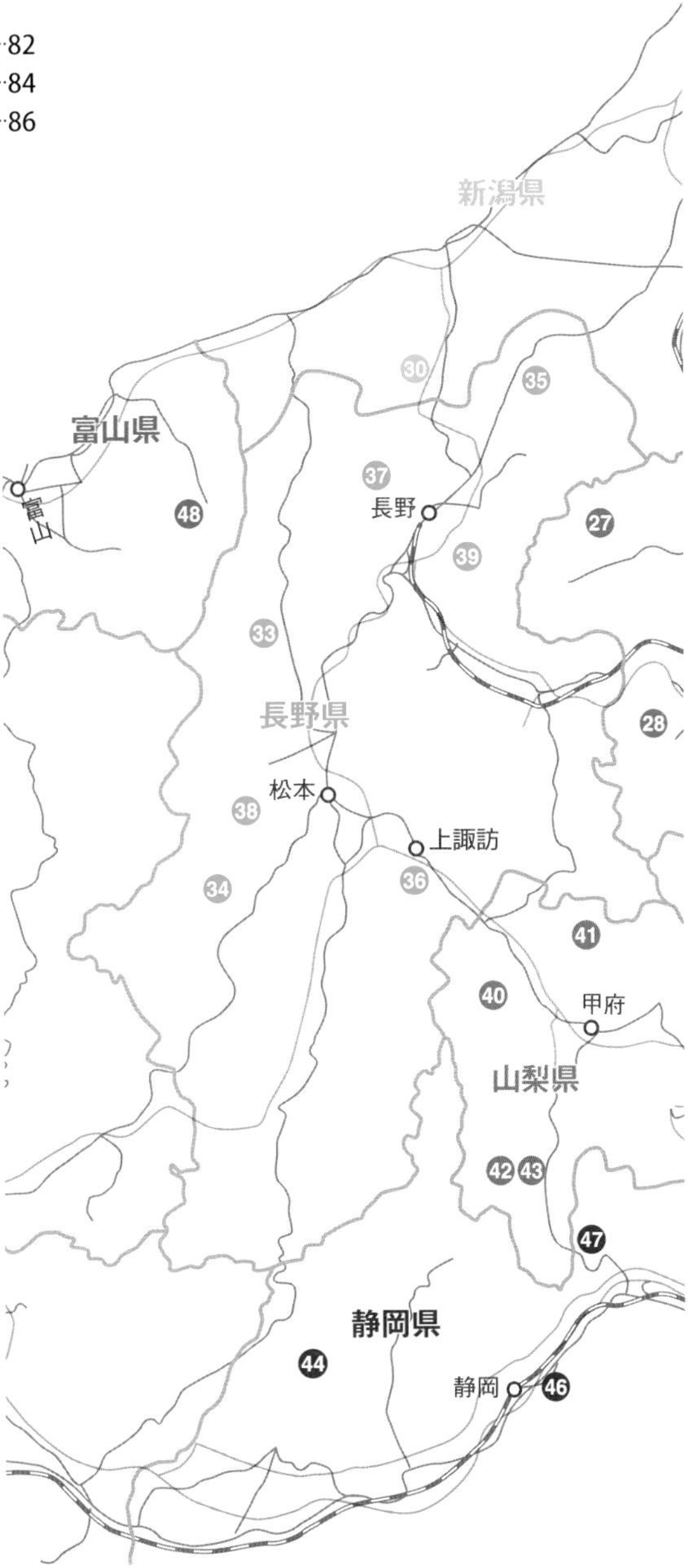

東京都
八王子市

高尾山薬王院《たかおさんやくおういん》

高尾山（たかおさん）

関東地方を代表する修験信仰の大道場

表参道である1号路に立つ浄心門。ここから先は薬王院の聖域だ

レジャー感覚で登れる 東京近郊にある霊山

東京都心から50キロ、ケーブルカーやリフトを使えば、誰でも気軽に山頂に立てるとあって、高尾山の人気は高い。

年間約３００万人が訪れ、ミシュランから3星に指定されたため、外国人観光客も多い。

この山の中腹に伽藍《がらん》を広げるのが、高尾山薬王院だ。関東屈指の山岳信仰の霊場として、現在でも修験者たちが集う。

高尾山は天狗が住む山だ。天狗たちに見守られ、プチ修験者気分で散策を楽しもう。

●奉拝
飯縄大権現
令和元年十一月十三日
高尾山薬王院

御本尊

飯縄大権現《いづなだいごんげん》

ご利益

除災開運、六根清浄、金運招福、良縁成就、諸縁吉祥

お祭り

1月1日　迎光祭（初日の出）
3月第2日曜　火渡り祭
4月第3日曜　春季大祭（稚児練行）

山伏がくすぶる火の上を歩く火渡り祭

1 四天王門前の大天狗小天狗像。天狗は高尾山の守護神として数多く祀られる
2 本堂入口付近に掛けられた天狗の巨大な面。赤い顔が大天狗で青い顔が小天狗
3 境内の入口に立つ、勇壮な楼門構造の四天王門

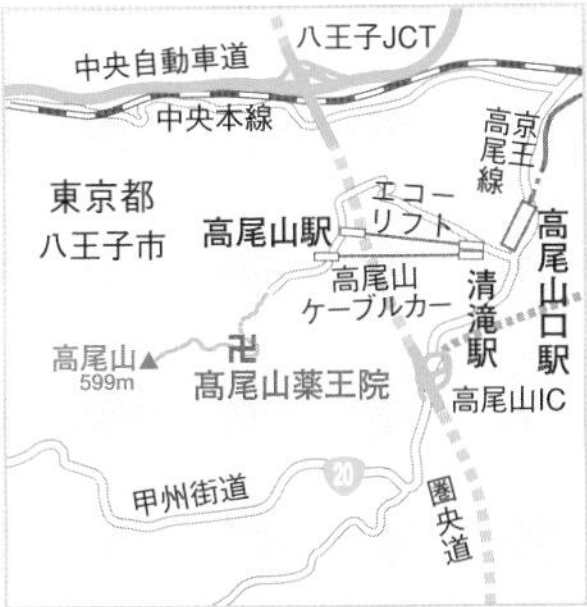

DATA

住所：東京都八王子市高尾町2177　☎042-661-1115
拝観時間：境内自由
拝観料：無料
交通：京王線・高尾山口駅から、徒歩約5分で高尾登山電鉄・清滝駅。そこからケーブルカー約5分で高尾山駅下車。参道を登り徒歩約15分
車：圏央道・高尾山ICから約3分、高尾山口駅周辺に高尾山薬王院祈祷殿前広場（駐車場・250台）、周辺に駐車場
https://www.takaosan.or.jp

大本堂

神仏習合時代の姿を現在も継承する

1 秘仏の薬師如来と飯縄大権現を祀る大本堂。堂内では1日5回の護摩供（ごまく）をする　2 琵琶滝と蛇滝で滝に打たれる水行。申し込めば参加もできる　3 大本坊で年1回開かれる写経大会。月例写経会も実施

戦国武将も崇敬を寄せた 軍神飯縄《いづな》大権現《だいごんげん》の神威

薬王院は奈良時代の創建を伝える。その後衰微していたが、南北朝時代の永和年間に、京都醍醐寺から俊源大徳が入山。俊源は不動明王に祈念し、八千枚の護摩供養秘法に取り組んだ。それにより感得した飯縄大権現を奉祀《ほうし》し、薬王院を中興した。

飯縄大権現は敵を調伏《ちょうぶく》する軍神としての性格から、武将たちに尊崇された。戦国武将がもたらした寄進状も数多く残る。

江戸時代に入ると、現世利益を求める庶民の期待に応え、とくに火伏《ひぶせ》（火災予防）のお札が人気を集めた。また大名、旗本も信仰し、なかでも紀州徳川家からの支援は群を抜いた。

大ブームとなった、富士山信仰の富士講との関係を深めたことも、繁栄の要因だった。

4 大本堂に安置された、火炎を背負う飯縄大権現
5 奥之院には不動明王を安置する
6 同じく奥之院に祀られた行基菩薩尊像
7 極彩色の彫刻が飾る、飯縄権現を祀る本社の飯縄大権現堂

東京都

高尾山

高尾山薬王院

神仏分離令にも耐えて飯縄大権現を守り通した

境内の中心、大本堂奥の本社で祀られるのが飯縄大権現だ。ご朱印にも名が記され、飯縄大権現は現在でも信仰の中心を占める。明治初期の神仏分離は、修験宗解体という性格ももっていた。ほとんどの修験系寺院はそれを機に、神社へと姿を変えた。修験色が強い飯縄大権現を今も堅持する薬王院は、例外中の例外といえる。江戸期までの宗教のあり方、神仏習合という文化を伝える貴重な証人である。

そんな見方で参拝すれば、単なる手近な観光地にある寺ではなくなってくるだろう。

東京都
青梅市

高水山《たかみずさん》常福院《じょうふくいん》

高水山（たかみずさん）

常福院龍学寺●高水山の麓
常福院不動堂●高水山の山頂付近

高水山の頂に広がる聖なる別天地

不動明王像を安置した秘められた密教の古刹

浪切白不動明王《なみきりしらふどうみょうおう》を祀る高水山常福院は、標高759メートルの高水山の頂にある。

威厳ある不動堂が立ち、みごとに整備された庭園が広がる境内の趣は、周囲が深い山だけに、異空間に迷い込んだような気分にさせてくれるだろう。

縁起によれば、開山は平安初期の高僧、智証《ちしょう》（證）大師《だいし》円珍《えんちん》で、高水山を霊験あらたかな不動明王の霊地とし、尊像を安置したことに始まるという。

著名な古刹ではあるが、人里離れた地にあるため、参詣者は

1 山門先に立つ、秘仏を安置した不動堂
2 鐘楼の鐘は江戸時代後期に鋳造された

●奉拝　奥多摩
（日付）
高水山　不動尊
常福院龍学寺

御本尊
浪切白不動明王《なみきりしらふどうみょうおう》

ご利益
家内安全、心身安穏、諸願成就

お祭り
1月　新年初詣
4月第2日曜　高水山古式獅子舞

不動堂に獅子舞を奉納する、古式ゆかしい高水山獅子舞

※御朱印希望の方は事前に問い合わせを

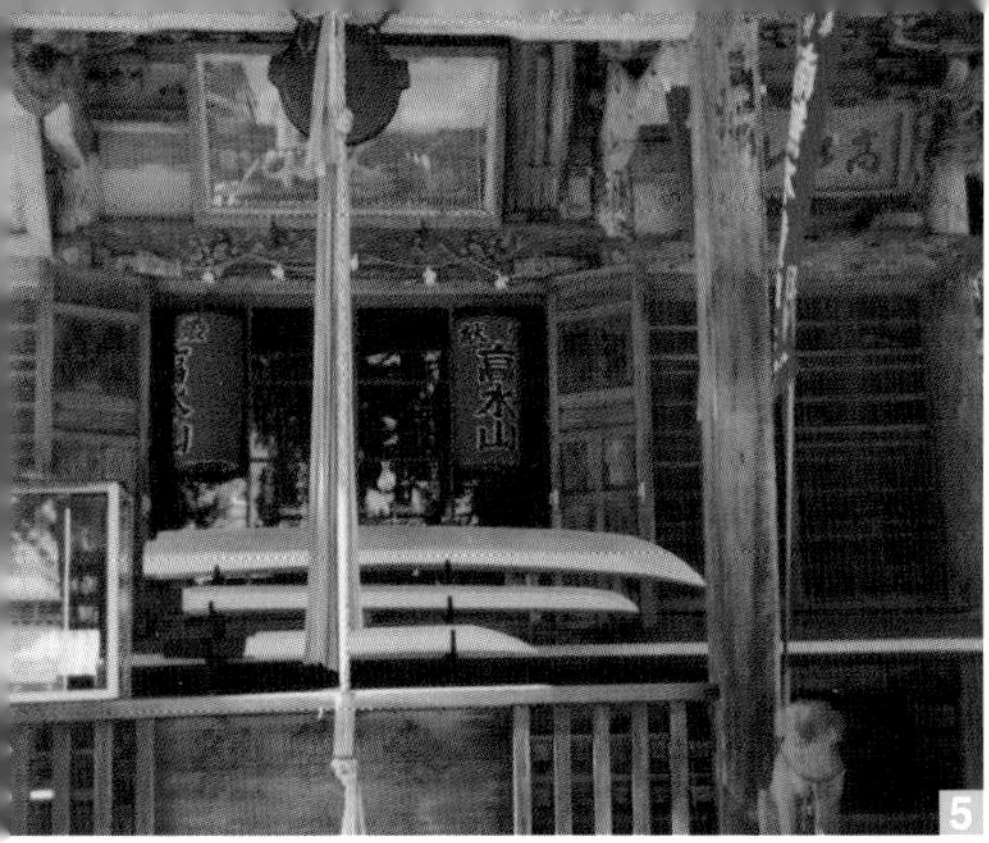

3 4月にはムラサキツツジが彩る庭園　4 平成6年に皇太子様と雅子妃が当山を訪れ、それを記念する碑　5 不動堂に奉納された3口の木製の刀　6 境内には樹齢数百年という檜や杉の大樹が並ぶ

それほど多くない。観光寺院にはない静寂を存分に満喫できる。

不動堂正面には３口の木刀が祀られ、荒波を切り開いて人々を導く浪切白不動信仰にちなむ。

寺社通にファンが多い 天空の不動明王の霊地

境内に上るにはいくつかルートがある。当山の別当（管轄）である常福院龍学寺からの道が表参道で、ＪＲ青梅線・軍畑《いくさばた》駅《えき》を起点とするのが裏参道だ。

どちらも静かな山歩きが楽しめるハイキングコースだ。

高水山は奥多摩山系に属する山だけに、登拝の際は天候に気を配るとともに、足回りはきちんとしておこう。

不動堂の先に進むと、ベンチが置かれた展望台がある。奥多摩の山々が広がり、爽快な気分にさせてくれる。この地を聖地とした理由も納得できるはずだ。

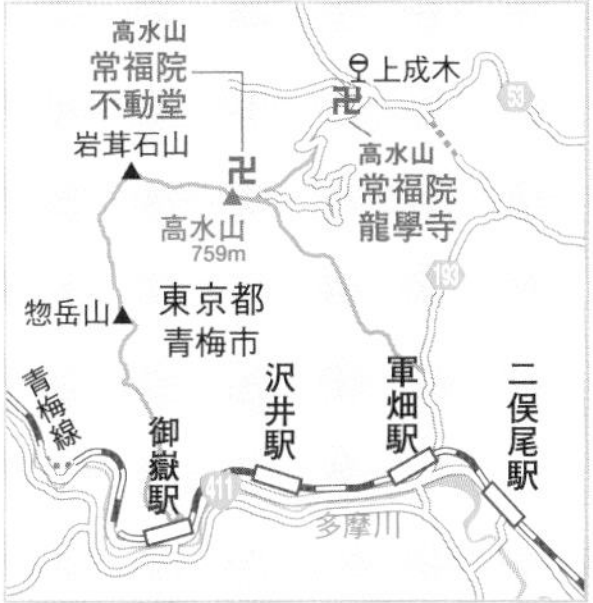

DATA

［常福院龍学寺］住所：東京都青梅市成木7-1192　☎0428-74-6433
交通：JR青梅線・青梅駅から、都バス約40分で上成木下車。徒歩約5分
車：圏央道・青梅IC から約45分。駐車場（5台）
［常福院不動堂］所在地：高水山山頂付近
交通：［表参道］常福院龍学寺から、参道（ところどころ車道）を登る（歩行時間片道約1時間）。車：常福院龍学寺から車道を上がる（駐車場・20台）
［裏参道］JR青梅線・軍畑駅から、車道～山道を登山となる（歩行時間片道約1時間30分）。軍畑駅周辺に駐車場なし、隣のJR御嶽駅周辺にあり
●軍畑駅～常福院不動堂～高水山～岩茸石山～惣岳山～御嶽駅のハイキングコースが人気（歩行時間約4時間）
●ともに拝観時間：9：00～15：00　拝観料：無料

東京都
青梅市

武蔵御嶽神社《むさしみたけじんじゃ》

御岳山(みたけさん)

本　社●御岳山山頂
奥の院●男具那ノ峰山頂

江戸の鎮守として徳川将軍家から崇敬

山麓から見上げた御岳山。右奥の山が奥の院に位置づける男具那ノ峰(おぐなのみね)

胸のすく絶景が広がる山頂に鎮座する社殿

ケーブルカー終点、御岳山駅からは、奥多摩渓谷の対岸に連なる秩父山地の眺望が楽しめる。

駅から参道を進むと、土産物屋や宿坊が並ぶ場所に出る。山内には22の宿坊があり、信仰の健在ぶりを印象づけている。

御岳山駅から約25分。約300段の石段を上れば、山頂に立つ武蔵御嶽神社の本殿だ。

本殿に立てば、眼下に関東平野が広がり、新宿副都心のビル群も見えるだろう。房総半島も遠くかすんで横たわる。

●奉拝
武蔵御嶽神社
平成二十四年六月八日

主祭神
櫛麻智命《くしまちのみこと》、大己貴命《おおなむちのみこと》、少彦名命《すくなひこなのみこと》、廣國押武金日命《ひろくにおしたけかなひのみこと》(安閑天皇《あんかんてんのう》)、日本武尊《やまとたけるのみこと》

ご利益
厄難消除、家内安全、商売繁盛、開運

お祭り
5月7・8日　日の出祭(例大祭)
6月第3日曜・10月第3日曜
6～11月第4日曜　神楽と雅楽の公開
　夜神楽
7月・9月　薪神楽(日程不定期)

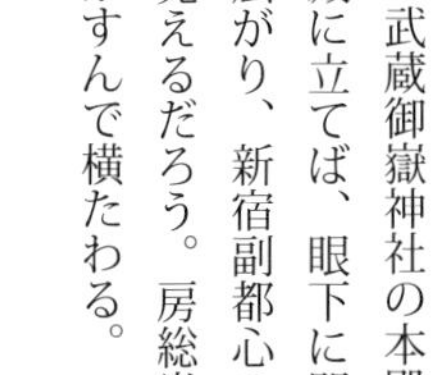
大蛇退治(おろちたいじ)、太太神楽(だいだいかぐら)は、神前で舞われます。神様をお慰めし、共に楽しむものです。神話、神様の力を表わす舞です

1 山頂直下の階段から見た随身門。この門の先に本社社殿や境内社が立ち並ぶ 2 参道に繁る樹齢1000年の神代ケヤキ 3 山上に突如現れる土産物屋などの門前町。一帯には茅葺屋根の宿坊も営業する

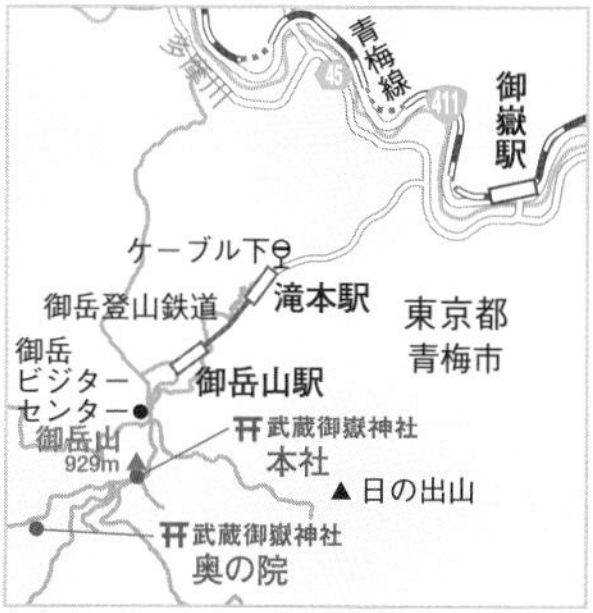

DATA

住所：東京都青梅市御岳山176　☎0428-78-8500

拝観時間：境内自由

拝観料：無料（宝物殿500円）

交通：JR青梅線・御嶽駅から、バス10分でケーブル下下車。御岳山登山鉄道・滝本駅から、ケーブルカー約6分で御岳山駅。参道を抜け約250段の石段を上る（歩行時間約25分）

車：圏央道・青梅ICから40分、中央自動車道・八王子ICから50分、滝本駅周辺に駐車場（230台）

http://www.musashimitakejinja.jp/

格式の高さを物語る国宝や重文の社宝

1 本殿裏には皇御孫命社(すめみまのみことしゃ)や大口真神社など多数の御社が並ぶ
2 富士峰園地にはレンゲショウマの群生地があり、盛夏には薄紫の花が咲き誇る
3 予約すれば滝行が受けられる。神社ではさまざまな修養プログラムを用意する

近郊の物見遊山として江戸庶民が押しかける

天平八年に僧行基が蔵王権現《ざおうごんげん》を祀って以来、修行の霊山となった。中世までの当社の歴史はベールに包まれているが、平安後期には関東武士から崇敬され、繁栄していたことは間違いない。

その証が宝物殿に収蔵される、国宝の赤糸威大鎧《あかいとおどしおおよろい》だ。平安後期の作で、関東武士、畠山重忠《はたけやましげただ》が奉納したものだという。

江戸時代になると、徳川家康は当社を重視。社殿を江戸城に向く東向きに建て替えさせたと伝わる。江戸の西を守る神社とした。

江戸中期には庶民層にも信仰は拡大する。手軽な江戸近郊の物見遊山として、御嶽詣は隆盛を迎えた。たくさんの講が生まれ、道中案内『御嶽菅笠《みたけすげがさ》』も刊行されるほどの人気を博す。

4本殿から1時間ほど登った三角形の山そのものが奥の院。山頂直下には男具那社（おぐなしゃ）が立つ　5狛犬の向こうから朝陽が昇る　6徳川幕府が再建した当時の威風を伝える本社拝殿・幣殿

本殿

御岳山

武蔵御嶽神社

江戸時代に一世を風靡　武蔵御嶽のおいぬ様信仰

江戸時代にブームとなった理由の一つに、日本狼を信奉するオオカミ（おいぬ様）信仰があった。当時大流行し、現世利益を求めて庶民が御岳山に列をなした。境内最奥に位置するのが、そのおいぬ様を祀る大口《おおくち》真神社《まがみしゃ》。境内からは、南方にそびえる三角錐の山が目につく。奥の院に位置づける男具那《おぐな》ノ峰《のみね》だ。山頂下には男具那社が座し御嶽神社からは1時間ほど山道をたどる。参拝後は宝物殿へ。赤糸威大鎧だけでなく、同じく国宝の円文《えんもん》螺鈿《らでん》鏡鞍《かがみのくら》一具ほか、重要文化財指定等の逸品がずらりと並ぶ。

神奈川県
伊勢原市

大山（おおやま）

大山阿夫利神社《おおやまあふりじんじゃ》

江戸時代には大山詣が東日本を席巻

庶民が講社《こうしゃ》を結成し数十万人が大山目指す

丹沢山塊の東端に位置する大山は、古くから信仰の対象とされた霊峰だ。山頂からは祭祀用と考えられる縄文土器が出土し、その始まりは先史に遡る。

平安時代には、すでに中央にも知られた信仰の山だった。中世には修験霊場として栄える。

だが大山の名が、庶民にまで広まったのは江戸中期のことだ。町民や農民が講をつくり、関東、中部、東海、甲信越から多数の人々が参詣にやってきた。その数は数十万人におよび、ことに江戸町民にはお盆の大山参りは

下社●大山の中腹
本社・奥ノ院●大山の山頂

1 三角形の美しいシルエットを見せる大山　2 大山を背にして立つ下社　3 拝殿後方の中門周辺。紅葉の名所として有名

●関東総鎮護
大山阿夫利神社
平成二十五年二月二十二日

主祭神
大山祇大神《おおやまつみのおおかみ》、高《たか》おかみ神《のかみ》、大雷神《おおいかずちのかみ》

ご利益
開運厄除、商売繁盛、家内安全

お祭り
4月5日　春季大祭始め
8月27～29日　秋季例大祭
10月中旬　火祭薪能

大山ケーブル駅まで続く「こま参道」には、豆腐料理屋や土産物屋が並ぶ

4山頂にある雨降木と呼ばれるブナのご神木 5山頂を示す石碑 6頂上に祀られる本社の社殿 7頂から見た富士山。山頂には季節限定だが売店もあり、のんびりできる

年中行事の一つだったという。

帰りには江ノ島に立ち寄って遊ぶのが通例で、いわば大山参りは物見遊山、レジャー的側面も強かったようだ。

本社が立つ山頂には胸のすく絶景が広がる

山麓の大山ケーブル駅からケーブルカーに乗れば、標高680メートルの下社が立つ境内まではすぐ。下社は山懐《やまふところ》に包まれ、山の霊気が境内を満たす。

お参りしたら、社殿の脇に湧く神泉を訪ねよう。口当たりがよく、まさに名水だった。

下社から2時間弱登った山頂にあるのが本社だ。大山信仰の原点で、信仰の象徴となった巨岩もある。頂からの眺めは抜群で、富士山が高くそびえ、相模湾の沖には大島が横たわる。

山頂までは登山なので、それなりの準備をして臨もう。

DATA

[社務局] 住所：神奈川県伊勢原市大山355　☎0463-95-2006
[下社] 住所：神奈川県伊勢原市大山12
交通：小田急線・伊勢原駅から、バス約30分で大山ケーブル下車。こま参道を徒歩約15分で大山観光電鉄・大山ケーブル駅。ケーブルカーに乗り約6分で阿夫利神社駅下車、石段を上り徒歩約5分
車：東名高速道路・厚木ICから約30分、大山ケーブルバス停横に市営第2駐車場（44台）
●下社～本社・奥ノ院（大山山頂）～見晴台～下社は登山となる（歩行時間約4時間）
●すべて拝観時間：境内自由（ケーブルカーの時間に注意）拝観料：無料
http://www.afuri.or.jp/

神奈川県
南足柄市

大雄山《だいゆうざん》最乗寺《さいじょうじ》

南足柄(みなみあしがら)

大伽藍をもつ曹洞宗の大修行道場

堂塔30余棟が立ち並ぶ 高い寺格を誇る禅寺

当山は室町期の応永元年（1394）に創建された名刹だ。曹洞宗の高僧だった了庵《りょうあん》慧《え》明《みょう》が、関東における修行道場として明《みょう》神《じん》ケ《が》岳《たけ》の山腹に開いた。

霊気みなぎる広大な寺領には、緑の中に30余の堂塔がそびえ立ち、その様子は荘厳の一言。

曹洞宗では永平寺、総持寺に次ぐ寺格を誇り、寺域に立ち入れば、いかにも禅寺らしい凛とした気配に、思わず背筋が伸びるのを感じるだろう。

境内を美しく彩るのが、四季折々の花である。春は桜やツツ

1 樹齢数百年の老杉が境内を包み込む
2 秋には燃え上がるような紅葉が飾る

●奉拝
大雄山
道了尊（どうりょうそん）

御本尊
本堂●釈迦牟尼仏《しゃかむにぶつ》
御真殿●道了大薩埵《どうりょうだいさった》

ご利益
諸願成就、商売繁盛、家内安全

お祭り
毎月27・28日　例祭
1・5・9月　道了尊大祭
2月3日　節分豆まき祭
11月27日　清浄鎮火祭

仁王門から続く「天狗の小径」には1万株のあじさいが咲く

3 禅寺の格式を伝える最乗寺の本堂　4 御供橋（ごくうばし）の先に立つ結界門　5 天狗となった道了尊を祀る御真殿　6 御真殿の脇にある世界一の大きさという巨大な下駄

ジ、藤——。夏にはシャクナゲやクチナシ、山百合が咲き、紅葉の秋には萩、金木犀《きんもくせい》が花をつける。冬の寒椿、鉄拳梅、野水仙も印象深い。まるで花暦をめくるように一年が過ぎていく。

天狗道了尊が守護する深い森に包まれた聖域

最乗寺は天狗寺の異名でも親しまれている。伽藍のあちこちに天狗像が配され、重さ3・8トンの巨大下駄のモニュメントがあるのも、天狗伝承にちなむ。

天狗は最乗寺の守護神、妙覚《みょうかく》道了《どうりょう》（道了尊）を指す。道了尊は実在の修験道の行者で、大土木工事を短期間で終わらせるなど、神通力を発揮し、崇敬する了庵慧明禅師の開山を助けた。

奥之院に延びる石段道などは、天狗が舞い降りてきそうな雰囲気だ。天狗となった道了尊は、今でも寺を守っている。

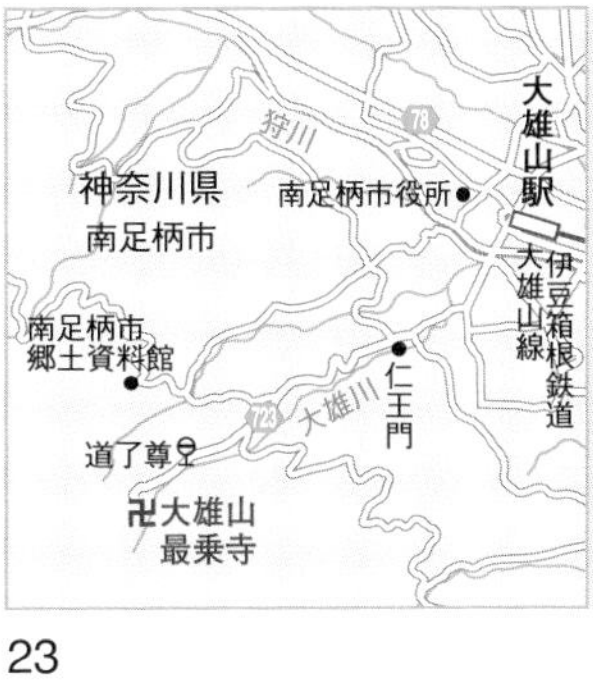

DATA

住所：神奈川県南足柄市大雄町1157　☎0465-74-3121

拝観時間：境内自由（社務所での御朱印の対応などは7:00〜16：00）

拝観料：無料

交通：伊豆箱根鉄道・大雄山駅から、バス約10分で道了尊下車すぐ

車：東名高速道路・大井松田ICから約20分、西湘バイパス・小田原ICから約30分。駐車場（254台）

http://www.daiyuuzan.or.jp

神奈川県
箱根町

箱根山(はこねやま)

箱根神社《はこねじんじゃ》

箱根神社・九頭龍神社新宮●元箱根芦ノ湖畔
箱根元宮●箱根駒ケ岳の山頂
九頭龍神社本宮●元箱根芦ノ湖畔(箱根九頭龍の森内)

芦ノ湖のほとりに鎮座する関東総鎮守

芦ノ湖から望む霊峰富士。湖に映えるのは箱根神社の平和の鳥居

源頼朝をはじめ数多の武将に崇敬された社

芦ノ湖の湖岸に鎮座する箱根神社は、全国から多くの参拝者が訪れる古大社だ。奈良朝の初期、箱根山に入峰修行中の万巻《まんがん》上人《しょうにん》が箱根大神の御神託を受け、創建。鎌倉時代になると、源頼朝は当社を深く信仰、走湯《そうとう》大権現《だいごんげん》(伊豆山神社)、三島明神(三嶋大社)とともに当社を参詣する「二所詣《にしょもうで》」の風儀を生み、箱根信仰は関東全域におよんだ。

境内に鎮まる九頭龍《くずりゅう》神社新宮の前は、龍神水《りゅうじんすい》が湧き出て、容器に汲んで持ち帰ることも可能。

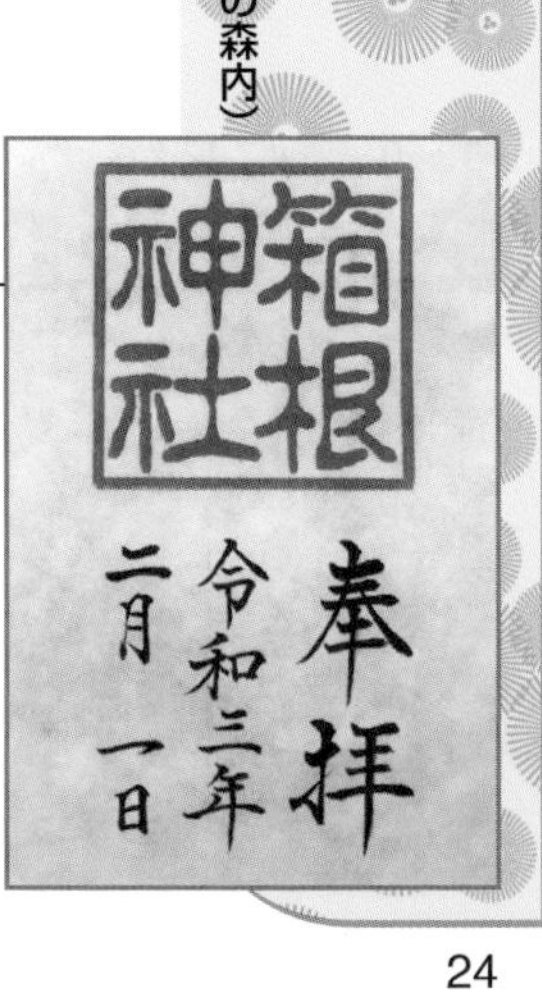

●箱根神社
奉拝
令和三年二月一日

主祭神
箱根大神《はこねのおおかみ》(瓊瓊杵尊《ににぎのみこと》、木花咲耶姫命《このはなさくやひめのみこと》、彦火火出見尊《ひこほほでみのみこと》)

ご利益
開運厄除、心願成就、交通安全、縁結び

お祭り
7月31日　湖水祭
8月1日　例大祭
10月24日　箱根元宮例祭

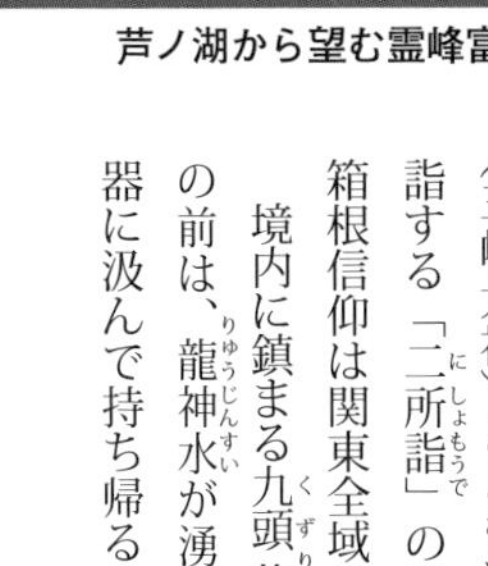
芦ノ湖の守護神、九頭龍大神に御供を捧げる湖水祭

1 参拝者を出迎える神門。この先には神域の森を背に本殿が建つ
2 老杉に囲まれた正参道の90段の石段
3 九頭龍神社新宮の前にある龍神水舎。霊水として多くの参拝者が汲んで帰る

DATA

［箱根神社］［九頭龍神社新宮］
住所：神奈川県足柄下郡箱根町元箱根80-1　☎0460-83-7123
時間：8：30～17：00　拝観料：無料（宝物殿500円）
交通：箱根登山鉄道・箱根湯本駅から、バス約40分で元箱根下車。もしくはJR小田原駅から、バス約60分で元箱根下車。そこから徒歩約10分
車：御殿場IC、沼津IC、小田原西ICから約30分～1時間、駐車場（200台）
［箱根元宮］
交通：箱根駒ケ岳ロープウェー・箱根園駅から、約8分で山頂駅。徒歩約5分
［九頭龍神社本宮］
交通：芦ノ湖を船（箱根園・元箱根・箱根・湖尻からモーターボート、毎月13日のみ元箱根から参拝船）で。もしくは箱根園から歩行者・自転車専用道路を徒歩約30分　http://hakonejinja.or.jp/

格式の高さを今に伝える豪華な社殿群

1 九頭龍神社本宮と同じ神様を祀る箱根神社境内にある新宮
2 箱根九頭龍の森にある九頭龍神社本宮。芦ノ湖の守護神として崇敬されてきた
3 7月31日から8月6日まで、芦ノ湖夏まつりウィークとして連夜にわたり、花火大会が開催される

繁る樹木の緑に映える朱塗りの艶やかな社殿

せっかくだから、正参道をたどって本殿に参拝しよう。参道の途中にあるのが曽我神社だ。鎌倉時代の仇討で知られる曽我兄弟を祀る。兄弟は当社を崇敬し、見事仇討本懐《あだうちほんかい》を遂げた。

さらに参道を進むと、広々とした境内に出て、神門の先に本殿が建つ。箱根信仰の中心として、威風堂々と構えている。

本殿右隣にあるのが九《く》頭《ず》龍《りゅう》神社《じんじゃ》新宮だ。かつて、芦ノ湖に棲み人々を苦しめていた毒龍を、箱根大神の霊力を得た万巻上人が調伏《ちょうぶく》し、芦ノ湖の守護神として祀った。

広い境内には多数の境内社が点在。また、矢立の杉や安産杉、国の重要文化財の赤木柄短刀《あかぎつかたんとう》（模造品）のほか、多数の社宝を展示する宝物殿にも立ち寄りたい。

4駒ヶ岳山頂に建つ箱根元宮。かつて箱根山は関東における山岳信仰の一大霊場であった
5シャクナゲの花が、初夏の箱根神社境内を美しく彩る
6元宮には白馬に乗った神様が降り立ったと伝わる馬降石も

神奈川県

箱根山

箱根神社

山岳信仰の面影伝える駒ヶ岳山頂の箱根元宮

北参道を進んだ処には、当社を創建した万巻上人の奥津城《おくつき》がある。奥津城とは神道式のお墓のことで、本殿から徒歩約5分、苔むした一基の墓石が立っている。

その後は、当社の奥宮である駒ヶ岳山頂の箱根元宮にいこう。現在は、ロープウェイで誰でも手軽に参拝できる。駒ケ岳から拝する御神体山である神山の聖なる姿が、箱根信仰の原点だ。

九頭龍大神を祀る九頭龍神社本宮も箱根園から徒歩30分。箱根神社、箱根元宮とあわせて参詣すれば、ご神徳も増すはずだ。

神奈川県
伊勢原市

東丹沢（ひがしたんざわ）

日向山宝城坊《ひなたさんほうじょうぼう》 日向薬師《ひなたやくし》

鉈《なた》彫《ぼ》りの秘仏を祀る薬師如来の霊場

はるか平安の昔から信仰集めたお薬師さん

東丹沢の山中、日向山が見下ろす深い森にある日向薬師は、高知県の柴折《しばおり》、新潟県の米山とともに、「日本三薬師」の一つに数えられる。

平安時代から栄えた薬師如来の霊場として、庶民から朝廷に至るまで崇敬を寄せられた。鎌倉幕府を開いた源頼朝や妻の北条政子も祈願に訪れている。

本尊は特定の日にしか開帳されない秘仏の薬師三尊だ。ノミ跡をあえて残す鉈《なた》彫《ぼ》り仏《ぶつ》で、平安中期の造像。その貴重さから、国の重要文化財に指定される。

1 幽玄で厳かな自然植生の参道が延びる
2 本堂内の平安時代作の十二神将立像

●奉拝　日向山
薬師如来
（日付）宝城坊

御本尊
薬師瑠璃光如来《やくしるりこうにょらい》

ご利益
病気平癒、眼病平癒、身体健全、家内安全

お祭り
1月1～3日　初詣（本尊ご開帳）
1月8日　初薬師（薬師粥、本尊ご開帳）
4月15日　春季例大祭
（神木のぼり、本尊ご開帳）
12月31日　除夜の鐘

例大祭では山伏修験者の神事「神木（しき）のぼり」が行われる

3 9月中旬にかけて彼岸花の名所となる　4 宝物殿にある国重文指定の丈六仏の前立薬師三尊像　5 重さ約50トンの荘厳な茅葺屋根が特徴の本堂　6 宝物殿に安置される国重文指定の仏像群

宝物殿に安置される国の重文指定の仏たち

奈良時代の霊亀《れいき》2年（716年）の創建を伝え、天皇家の勅《ちょく》願寺《がんじ》だった時代もある。関東では有数の歴史を誇る寺だけに、重要文化財指定は本尊に留まらない。阿弥陀如来坐像、四天王立像、十二神将立像《じゅうにしんしょうりゅうぞう》、南北朝期の梵鐘なども重文指定をうけ、仏像は宝物殿に納められている。

かつては、12坊を有する大寺院だったが、明治の廃仏毀釈《はいぶつきしゃく》（仏教弾圧）で多くの堂塔を失った。宝物殿に安置される仏は、各坊に付属していたもので、往時の繁栄を物語る。同じく国の重要文化財の本堂（薬師堂）は、平成28年に大修理を終え、本堂の解体復元工事が完了。国内最大規模となる美しい茅葺屋根をはじめ、墨の黒、弁柄の朱の彩色が目を引く壮大な姿に蘇った。

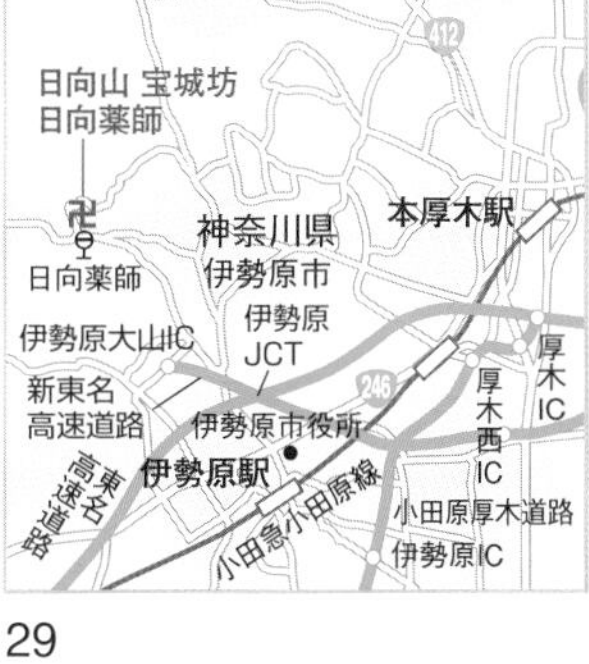

DATA

住所：神奈川県伊勢原市日向1644　☎0463-95-1416
拝観時間：9：00〜17：00（11〜3月は10：00〜16：00）
（雨天など天候悪化の場合は、終日閉門）
拝観料：無料（宝物殿300円）
交通：小田急線・伊勢原駅から、バス約20分で日向薬師下車、徒歩約15分
車：新東名高速道路・伊勢原大山ICから約15分、バス停隣接駐車場（約20台）、境内隣接駐車場（約30台）
http://hinatayakushi.com

神奈川県
鎌倉市

鎌倉（かまくら）

錦屏山《きんぺいざん》 瑞泉寺《ずいせんじ》

心洗われる国の名勝指定の禅宗庭園

多くの文人が心寄せた景勝の地に立つ名刹

大塔宮《おおとうのみや》から急な坂道を上ることと10分余――。瑞泉寺は錦屏山を背にする丘に位置する。名刹、古刹が居並ぶ鎌倉にあって、この寺を愛する人は多い。

立原正秋、久米正雄、大佛次郎《おさらぎじろう》、久保田万太郎といった文人たちも足しげく通った。

当山は鎌倉末期、臨済宗の傑僧、夢窓疎石《むそうそせき》が開山した。夢窓疎石は後醍醐天皇や足利尊氏から帰依《きえ》された、当時の日本を代表する禅宗僧だった。

京都の天竜寺や山梨の恵林寺《えりんじ》も夢窓疎石が創建した寺である。

1本堂に延びる参道。鎌倉の喧騒とは無縁の世界　2山門の近くにある錦屏晩鐘

【御朱印画像の掲載はありません】

●境内の社務所にて御朱印の対応をしています

御本尊
釈迦如来《しゃかにょらい》

文化財
国指定名勝　夢窓国師作庭園

鎌倉随一の花の寺として知られ、四季折々の花が咲く

5

3

6

4

3 禅宗寺院らしい風格たたえた本堂　4 寒梅に始まり、四季の花々が境内を飾る　5 庭園にある岩をくりぬいた天女洞　6 趣ある当山の山門。近くに吉田松陰留跡碑が立つ

名作庭家夢窓が残した日本を代表する名庭園

瑞泉寺といえば、禅宗庭園である。天女洞の前に貯清池が横たわり、季節の花々が気品を添える。作庭は開山の夢窓だ。水《すい》月観《げつかん》という座禅の修行の場として、この庭を造作した。

端正で静謐《せいひつ》さをたたえ、一幅の山水画を見る思いだ。書院庭園の先駆けとなる庭として、国の名勝に指定される。なお夢窓は、苔寺《こけでら》の名で知られる京都西《さい》芳寺《ほうじ》の庭園も手がけた。夢窓疎石は自分の心を磨く修行のために作庭したという。この品格ある庭を鑑賞することで、時空を超え、私たちは夢窓疎石の教えの一端にふれることになる。

俗世を離れ、この庭の傍らにたたずむ時間は貴重だ。夢窓疎石という禅僧がいてくれたことに心から感謝したくなるだろう。

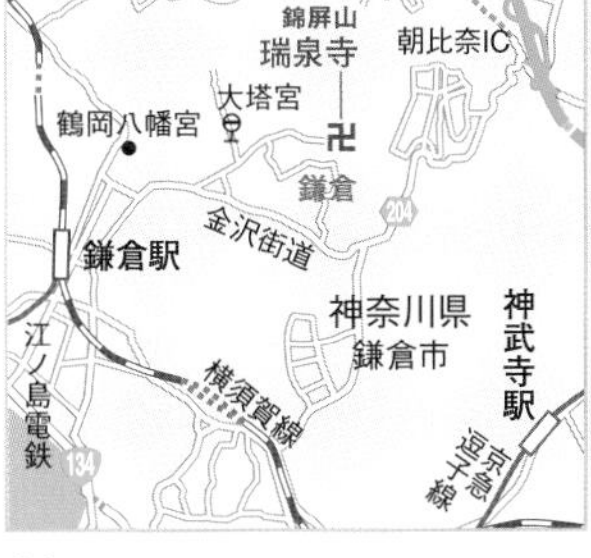

DATA

住所：神奈川県鎌倉市二階堂710

☎0467-22-1191

拝観時間：9：00～17：00（入山は16：30まで）

拝観料：大人200円、小中学生100円、障害者無料

交通：JR横須賀線／江ノ島電鉄・鎌倉駅から、バス約15分で大塔宮下車、徒歩約10分

車：横浜横須賀道路・朝比奈ICから約20分、駐車場（10台）

http://www.kamakura-zuisenji.or.jp

埼玉県
秩父市

奥秩父（おくちちぶ）

大日向山《おおひなたさん》大陽寺《たいようじ》

宿坊が女性に大人気の山奥にある禅寺

都会の喧騒からはるか
名僧が開いた修行道場

秩父山地の山中にたたずむ大陽寺は、宿坊の寺として、若い女性の間で絶大な人気を誇る。

携帯電話も圏外の山深い地で、座禅を組んで写経をする。聞こえるのは、小鳥のさえずりと清流の音だけだ。でも夜には満天の星が語りかけてくる。

心の清浄を求めたのは、当山開山の仏国国師《ぶっこくこくし》も同様だった。鎌倉時代に後嵯峨天皇の皇子とした生まれた国師は、政争が相次ぐ都を離れ、この地に臨済宗の修行道場を設けた。

国師は臨済宗を代表する高僧

1 標高800メートルの山中にある大陽寺
2 紅葉が彩る山門
3 冬の境内

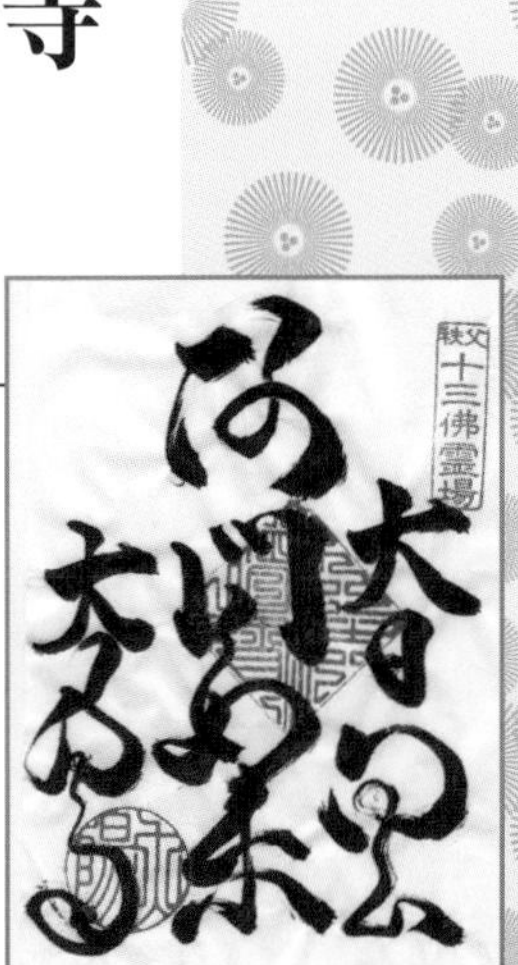

●秩父十三佛霊場　大日向山
阿閦如来
大陽寺

御本尊
釈迦如来《しゃかにょらい》（阿閦如来《あしゅくにょらい》）

ご利益
心身安穏、無病息災、良縁成就

お祭り
5月5日　大祭

体験
坐禅、写経、宿坊体験

宿坊では精進料理を味わえる

4 大きな天狗の面は開山の仏国国師にちなむもの　5 宿坊に泊まり座禅体　6 早朝、霧に包まれた本堂。高い山の上にいることを実感する　7 宿坊に泊まって朝のお勤めも

で、弟子から盛んに下山をすすめられたが、頑として拒否し、山林修行を続けた。国師がともした法灯は受け継がれ、現在に至っても、凛とした修行道場のたたずまいに揺らぎはない。

宿坊では断トツの人気 24時間入れる露天も

メディアで頻繁に取り上げられたため、シーズンによっては宿坊（完全予約制）もいっぱいに。宿坊体験では、ヨガや座禅なども行われている。宿坊とはいえ、洋式のシャワートイレを完備し、24時間入浴できる露天風呂も用意される。

車でもいけるが、できれば大陽寺入口のバス停から約7キロの道を歩き、天空にあるこの寺を訪ねてほしい。歩くことで世俗の垢も落ちていくだろう。

なお拝観は、宿泊者のみとなっているので、ご注意を。

DATA

住所：埼玉県秩父市大滝459　☎0494-54-0296
●宿泊者のみ拝観が可能（1泊2食付 9,500円～）

交通：秩父鉄道・三峰口駅から、バス約8分で大陽寺入口下車。渓流沿いの車道～参道の山道を登る（歩行時間約2時間）。もしくは三峰口駅からタクシー約30分
車：関越自動車道・花園IC から約40分。駐車場（40台）
●宿坊の宿泊者は三峰口駅から車送迎可　http://www.taiyoji.com/

金鑽神社《かなさなじんじゃ》

御嶽山（みたけさん）

御嶽山をご神体とする格式ある名社

平安時代から高名で延喜式にも名称を記す

埼玉県北西部、群馬県との県境に近い神川町《かみかわまち》にある金鑽神社は、平安時代の延喜式神名帳《えんぎしきじんみょうちょう》にも載る由緒ある神社だ。

その神名帳には「明神大《みょうじんだい》」と記され、大の字が付くのは、埼玉では当社と武蔵国一宮＝大宮市の氷川神社だけである。平安時代には、中央にも名のとどろいた重要な名社だった。

名称の金鑽とは、砂鉄を意味する金砂《かなすな》からのようだ。実際近くの神流川《かんながわ》からは、刀剣にも用いられる、良質な砂鉄がかつて採れたという。

1 神楽殿の前に立つ三の鳥居　2 ご神体を拝するための拝殿　3 拝殿の奥に中門があり、その背後が神体山である御嶽山

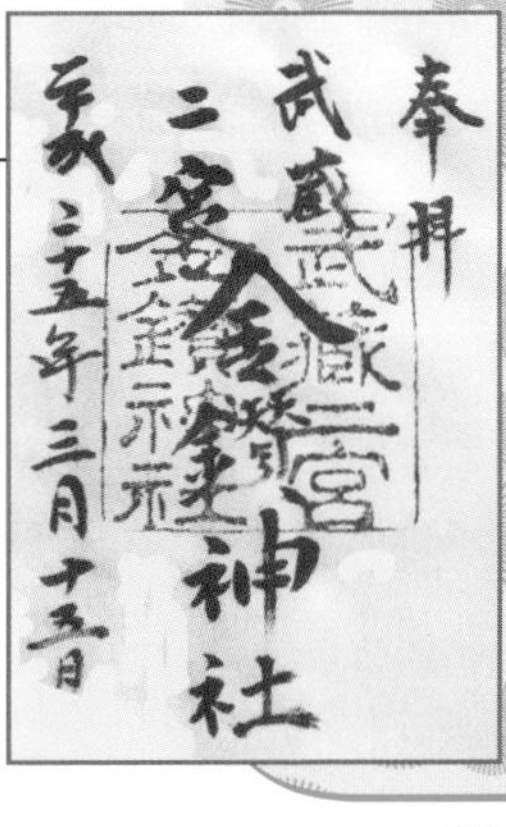

●奉拝
武蔵　二宮　金鑽神社
平成二十五年三月十五日

主祭神
天照大神《あまてらすおおみかみ》、素盞嗚尊《すさのおのみこと》

ご利益
厄除け、商売繁盛、家内安全、方位除け

お祭り
4月15日　例祭
10月19日　秋尽祭（山ほめの神事）
11月23日　火鑽祭

源義家にまつわる御神木「旗掛銀杏」

4国の重要文化財に指定される総朱塗の多宝塔 5修験信仰時代を彷彿させる山上の石仏 6御嶽山にある岩峰には奥宮が祀られる 7天然記念物に指定された大きな鏡岩

埼玉県

古き形式を今に伝え神体山を拝殿から拝す

当社は本殿をもたない神社として知られる。拝殿から中門を通して、直接ご神体である御嶽山を拝する仕組みだ。

この形式は極めて古い祭祀スタイルで、大きな神社では、奈良県大神神社《おおみわじんじゃ》、長野県諏訪大社の3社だけだそうだ。

御嶽山には拝殿の脇から登る。江戸時代までは修験の山だったため、多くの石仏が祀られる。また奥宮がある岩山には、祈祷のための護摩《ごま》壇《だん》跡《あと》も見つかった。神仏習合時代の名残である。

山の中腹にある鏡岩は、約1億年前にできた八王子断層の滑り面だという。地質的に貴重なものとして、特別天然記念物の指定を受けた。中世には御嶽山に山城が建てられていて、山頂一帯には本丸跡も残っている。

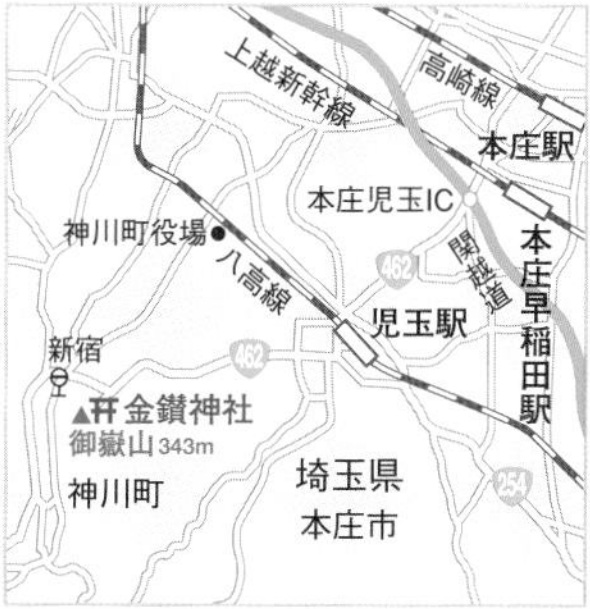

DATA

住所：埼玉県児玉郡神川町二ノ宮751　☎0495-77-4537
拝観時間：境内自由
拝観料：無料
交通：JR高崎線・本庄駅より、バス約30分で新宿下車、徒歩約15分
車：関越自動車道・本庄児玉ICより約20分、駐車場（50台）
●金鑚神社～鏡岩～岩山展望台～御嶽山山頂～金鑚神社はハイキングコース（歩行時間約40分）
https://www.kanasana.jp/index.html

埼玉県
秩父市

妙法ヶ岳（みょうほうがたけ）

三峯神社《みつみねじんじゃ》

●秩父市三峰
奥宮●妙法ヶ岳山頂

東日本を席巻した「ご眷属《けんぞく》・山犬《やまいぬ》」信仰

秩父の大自然に囲まれ 壮麗な社殿が立ち並ぶ

駐車場を出ると、まず出迎えるのが大鳥居の左右に小鳥居を配置したためずらしい形式の三ツ鳥居だ。ここから、かつての正参道の境内入口に当たる、随身《ずいしん》門《もん》から入る。

境内の中央に立つ建物が本社で、拝殿を飾る多数の彫刻が、艶やかさを演出する。

三峯神社は妙法ヶ岳から延びる尾根上に鎮座する。秩父山地の深山に、突如豪華な社殿群が出現し、さながら別の世界に迷い込んだような錯覚に陥る。

有名な大鳥居。三輪鳥居（みわどりい）とも呼ぶ

●登拝
三峯神社
平成二十五年五月一日

主祭神
伊弉諾尊《いざなぎのみこと》、伊弉册尊《いざなみのみこと》

ご利益
諸難除、火盗除、商売繁昌、縁結び

お祭り
4月8日　例大祭
5月3日　奥宮山開祭
8月第4日曜　諏訪神社祭（獅子舞）

災いを除く神使（しんし）である山犬（狼）への信仰が根づいている

1 寛政4年（1792）再建、近年塗り替えられた随身門。神使である山犬がひかえる
2 鎌倉時代に武蔵一帯に勢力を張った、畠山重忠が植えたという拝殿前の重忠杉
3 境内にそびえる縁結びの木。結ばれたい人の名前を書いて納めればご利益も

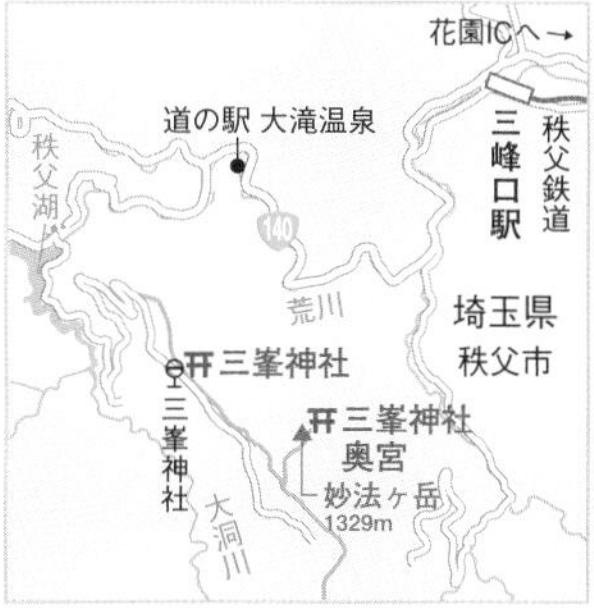

DATA

住所：埼玉県秩父市三峰298-1　☎0494-55-0241
拝観時間：9：00〜16：00（社務所）
拝観料：境内無料（三峰山博物館300円）
交通：西武鉄道・西武秩父駅から、バス約1時間15分で三峯神社下車すぐ。もしくは秩父鉄道・三峰口駅から、バス約50分で三峯神社下車すぐ
車：関越自動車道・花園IC から約1時間30分、駐車場（250台）
●奥宮へは、三峯神社より登山となり妙法ヶ岳山頂へ（歩行時間往復約2時間30分）
https://www.mitsuminejinja.or.jp/

将軍家や大名から崇敬集めた江戸期

1 たくさんの彫刻が施された絢爛豪華な拝殿 2 350年前に建てられた本殿 3 神社を創祀したという、日本武尊（やまとたけるのみこと）の巨大な銅像 4 紅葉が境内や山々を美しく彩る

爆発的に各地に拡大
庶民を救うお犬様信仰

三峯信仰は雲取山《くもとりやま》、白岩山《しらいわやま》、妙法ヶ岳を霊山と仰ぐ修験道の時代が長く、中世までの歴史は不明部分が多い。室町後期、修験僧道満《どうまん》が中興の祖とされ、これ以降、天台修験の関東総本山になったという。

江戸時代になると、将軍家との関係が深まる。ことに将軍家綱は篤い崇敬を寄せ、紀州徳川家や有力大名の信仰も集めた。

三峯山の名が庶民に浸透するのは、江戸中期、神社の眷属神《けんぞくしん》（神使《しんし》）、山犬（狼）信仰の普及による。この山犬信仰は瞬く間に関東、中部を席巻、東北にも多数の講を誕生させた。狛犬がすべて山犬なのもそのせいだ。

山犬を崇める三峯講は、明治の神仏分離を乗り越え、現在まで受け継がれている。

5 奥秩父の名峰、妙法ヶ岳の山頂に鎮座する奥宮。山頂直下が急なので要注意
6 遥拝殿から見た妙法ヶ岳。奥宮は中央岩峰の上にある。殿の近くにはご神犬像も
7 三峯神社の神使、山犬を祀る御仮屋。山犬は普段は山にいるので仮の屋とする

妙法ヶ岳 三峯神社

深山にある神社宿坊で三峯神の湯につかる

三峯神社の宿坊興雲閣《こううんかく》は、さながらホテルだ。境内に立つ6階建てのビルがそれで、温泉入浴もできる。宿泊すれば、身も心もリフレッシュするだろう。

奥宮は妙法ヶ岳の山頂にある。境内から4キロの山道を登り、約1時間半で頂に立てる。

一部鎖場もあるが、山頂からの眺めは抜群だ。トレッキングシューズ、レインウエア携行の山支度はお約束である。体力に自信がない人は、境内の遥拝殿《ようはいでん》から奥宮を参拝すればいい。

なお参拝では、山犬の神札を忘れずにいただこう。

※妙法ヶ岳への登山は、近年、熊が出没するとのことで、熊よけの鈴をお忘れなく。

埼玉県
長瀞町

宝登山（ほどさん）

寶登山神社《ほどさんじんじゃ》

里宮●宝登山の麓
奥宮●宝登山の山頂下

ミシュランに選定された長瀞《ながとろ》の名社

絢爛《けんらん》豪華《ごうか》な社殿を守るうっそうと繁る杉木立

火災盗難をはじめ諸難よけに霊験あらたかとして、宝登山の東麓《とうろく》に立つ寶登山神社には、関東一円から年間100万人を超える参詣者がやってくる。「宝の山に登る」という、縁起のいい名称も人気の一因のようだ。

平成23年（2011）には、フランスの『ミシュランガイド』で一つ星に選定され、外国人の姿も目に付く。参拝者を魅了するのが、江戸末期から明治初期に建てられた豪華な社殿だ。ことに拝殿を飾る彫刻群がみごとで、見る人を感嘆させる。

1 緑豊かな宝登山の前に立つ大きな一の鳥居　2 この二の鳥居の先に本殿がある
3 正月には多数の初詣客がお参りにくる

【御朱印画像の掲載はありません】
●境内の神札所にて御朱印の対応をしています

主祭神
神日本磐余彦尊《かんやまといわれひこのみこと》、大山祇神《おおやまづみのかみ》、火産霊神《ほむすびのかみ》

ご利益
火防盗賊除、家内安全、商売繁盛、交通安全、金運招福

お祭り
4月3日　例大祭
5月2日　奥宮祭
8月15日　船玉祭

1〜2月にかけて宝登山蝋梅園で可憐な花が咲き誇る

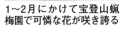

4 拝殿・幣殿・本殿からなる立派な権現造りの社殿
5 宝登山には2000本あまりの蝋梅が植えられる
6 山頂に立つ質素な社
7 境内に祀られた、創建ゆかりの日本武尊社（やまとたけるのみことしゃ）

ロープウェイで登れる神様が住まう宝の山

現在、境内には玉泉寺が立つ。江戸時代まで、寶登山神社とこの玉泉寺は一体の信仰だった。

寺と神社の一体化は普遍的なあり方で、明治の神仏分離令で両者は分けられ、寺は神道色、神社は仏教色を消し去った。

だが寶登山神社と玉泉寺は分離せずに、以後も良好な関係が続いている。神仏習合をなかったことにする神社が多いが、当社は隠さず歴史を語り、この真摯な態度は敬服に値する。

宝登山の山上には奥宮がある。ここは神社創建ゆかりの地だ。深い森の中に古式を伝える社が鎮まり、清浄な空気が支配する。

また奥宮の一帯には、蝋梅《ろうばい》園や梅百花園も広がる。山麓からロープウェイでいけるので、ぜひ宝の山に登ってみよう。

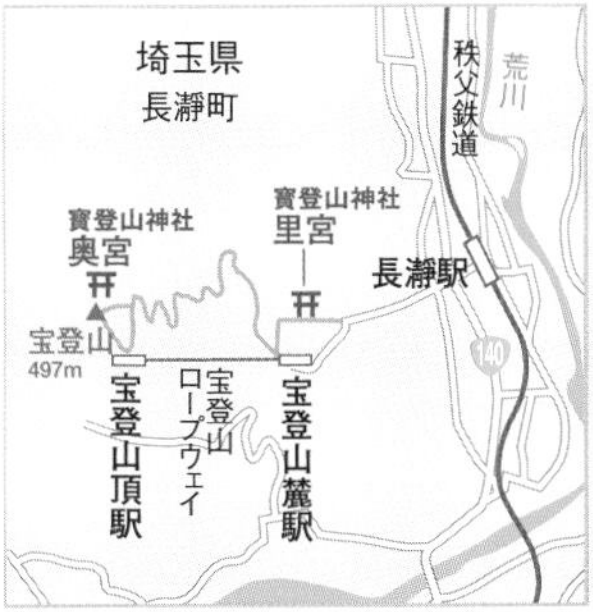

DATA

住所：埼玉県秩父郡長瀞町長瀞1828　☎0494-66-0084
拝観時間：境内自由
拝観料：無料
交通：秩父鉄道・長瀞駅から、徒歩約10分
●奥宮へは、宝登山ロープウェイ・宝登山麓駅から約5分で宝登山頂駅下車、山道を徒歩約10分。もしくは寶登山神社里宮～奥宮へ登山道もある（歩行時間約1時間15分）
車：関越自動車道・花園ICから約40分、駐車場（40台）
http://www.hodosan-jinja.or.jp/

埼玉県
小鹿野町

両神山（りょうかみさん）

両神神社《りょうかみじんじゃ》

本　社●両神山の麓
奥　社●両神山の山頂下
山頂の祠●両神山の山頂

剣ヶ峰の頂に延びる古き修験信仰の道

山岳信仰の面影を残す各所に祀られた石仏

秩父山地にある両神山は、日本百名山に数えられる名峰だ。険しい鋸《のこぎり》状の山容から、古くから信仰の対象となり、江戸時代には修験者が登拝する神仏《しんぶつ》混淆《こんこう》の霊山として栄えた。

その信仰は明治の神仏分離後、両神神社となって今に至る。

日向大谷《ひなたおおや》からの登山道がかつての表参道で、上り口には本社が立つ。さらに途中の尾根上に奥社があり、最高点である剣ヶ峰には祠が祀られる。旧表参道は石仏や石碑が点在する修験の道で、以前は女人禁制だった。

1

2

1山麓一帯にミツバツツジが咲き乱れる初夏の両神山　2旧表参道を3時間ほど登ったところに立つ、無住の奥社社殿

【御朱印画像の掲載はありません】
●お札は、本社近くの「両神山荘」に問い合わせを

主祭神
伊弉諾尊《いざなぎのみこと》、伊弉冊尊《いざなみのみこと》

ご利益
災難厄除（火災・盗難・病気）、山の安全

お祭り
4月18日
開山式

登山道に咲くヒトリシズカ。4〜5月にはニリンソウやアカヤシオツツジも

両神山開山式

定価1793円⑩

注文カード

〒102-0093東京都千代田区平河町一丁目1-8
FAX03-5276-3105

書店名

注文数　冊

メイツ出版

関東・甲信越　山の神社・仏閣
札所ガイド　改訂版　御朱印を求めて歩く

山歩おへんろ倶楽部

9784780425574
ISBN978-4-7804-2557-4
C2026　¥1630E

定価1793円
(本体1630円+税10%)

注文カ

イツ出版

関東・甲信越 山の神社・仏閣
札所ガイド 改訂版 御朱印を求めて歩く

山歩おへんろ倶楽部

ISBN978-4-7804-2557-4 C2026 ¥1630E

定価1793円
(本体1630円＋税1

メイツ出

東京都千代田区
FA

3 両神山の最高点、標高1723メートルの剣ヶ峰の山頂。秋には燃え上がる紅葉が全山を彩る　4 奥社の前に立つ古い鳥居　5 剣ヶ峰の岩場に祀られた祠　6 奥社の社殿には神像が置かれる

埼玉県

山上にある祠まではおよそ3時間半の登山

日向大谷のバス停から歩いてすぐ。両神山荘近くに鎮座する本社は、剣ヶ峰を麓から拝する遥拝所《ようはいじょ》だった。

迎えるのは山犬姿の狛犬だ。社殿は江戸中期に建てられ、修験寺院時代の姿を今に伝える。

本社から先は登山の世界で、山登りの経験がない人は、ここまでが無難だろう。

石鳥居をくぐって旧表参道に入り、不動明王像が置かれた八海山を越え、清滝《きよたき》小屋までは約2時間30分。奥社までは4時間を要する。奥社は簡素な建物で、山犬の狛犬が守っていた。ここから山頂へは、鎖場のある岩稜《がんりょう》をたどり、さらに30分ほど登る。

祠のある剣ヶ峰からは、富士山や八ヶ岳が望め、一級の絶景が楽しめる展望台である。

DATA

［本社］住所：埼玉県秩父郡小鹿野町両神薄9993
拝観時間：境内自由　拝観料：無料
交通：西武鉄道・秩父駅から、バス約50分で両神庁舎前下車、乗り換えてバス約35分で日向大谷口下車すぐ。または秩父鉄道三峰口駅よりタクシー約30分　車：関越自動車道・花園ICから約2時間、駐車場（40台）
●本社からは登山となる。本社～奥社（歩行時間約3時間30分）にはロープ場や鎖場がある。奥社～山頂（歩行時間約30分）。往復登山となるので時間に余裕をもって。12月下旬～4月開山式までは閉山

※同じ両神地区にある、薬師堂の両神神社は当社とは別系統の信仰。

千葉県
君津市

鹿野山（かのうざん）
鹿野山《かのうざん》神野寺《じんやじ》

祈祷や各種供養で著名な真言宗の古刹

房総の霊山と仰がれた鹿野山に伽藍《がらん》を広げる

霊峰鹿野山の山上にある神野寺は、厄除けや方位除け、交通安全の自動車祈祷、水子供養の寺として、関東一円に名が通る。正月には40万人の初詣客が訪れ、境内はごった返す。

当山の歴史は古いが、室町後期からは真言密教の寺となった。江戸時代以降は東国への布教基地の役目を担い、幕府も祈願所に指定し庇護《ひご》している。

本尊は薬師如来と軍荼利明王《ぐんだりみょうおう》の秘仏両尊だ。ともに本堂の内陣厨子内に安置され、ご開帳は12年に一度の寅年である。

1国の重要文化財に指定されている表門
2よく手入れされた本堂の横にある中庭

●奉拝
開基　聖徳太子　鹿野山
醫王殿
平成二十五年四月十日　神野寺

御本尊
薬師如来《やくしにょらい》、軍荼利明王《ぐんだりみょうおう》

ご利益
家門繁栄、身体健全、商売繁昌

お祭り
4月28日　春季大祭（花嫁祭り）
7月8日　夏季大祭（夜まち）
10月9日　奥の院開扉法楽会

春は桜やつつじ、夏はあじさい、紅葉や雪景色に彩られる庭園

5

3

6

4

3仁王門を彩る紅葉。鹿野山は紅葉の名所で有名
4キリシマやサツキ、ツツジなどが咲く春の中庭
5秘仏の薬師如来と軍荼利明王が安置される本堂
6仁王門には多聞天、広目天の二尊も裏側に安置

約4万坪の境内地に多数のお堂が立ち並ぶ

境内は東京ドーム3個分（4万坪）という広大さを誇る。仁王門をくぐって寺域に一歩足を踏み入れれば、その広さに誰もが圧倒されるはずだ。

仁王門の正面にある大きな建物が本堂だ。江戸中期に建てられ、全体は朱に塗られている。

当山はたびたび火災に見舞われ、何度も伽藍《がらん》を焼失した。ほとんどの建造物は江戸時代に再建されたものだが、唯一の例外が室町期建立の表門で、国の重要文化財に指定されている。

立ち並ぶ堂宇《どうう》のなかには、飯《い》縄《づな》大権現《だいごんげん》を祀る奥の院や、九頭《くず》龍《りゅう》権現社《ごんげんしゃ》などもあり、かつての修験時代を彷彿させる。

アクアラインの開通で、東京、横浜から近くなった。開運招福を祈願しに出かけよう。

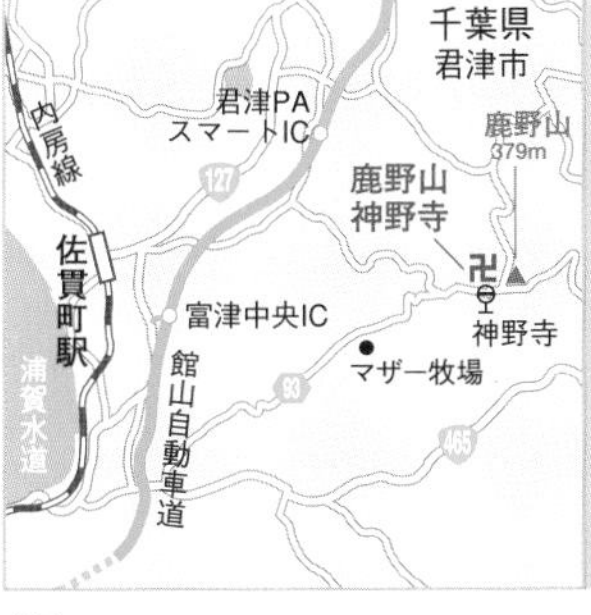

DATA

住所：千葉県君津市鹿野山324-1　☎0439-37-2351
拝観時間：境内自由
拝観料：無料（宝物拝観所500円）
交通：JR東京駅から、内房線・佐貫町駅下車、バス約30分で神野寺下車。もしくはJR品川駅前からアクアライン高速バス、久里浜港から東京湾フェリーを利用するのもいい
車：館山自動車道・君津PAスマートICから約10分、駐車場（350台）
https://jinyaji.web.fc2.com

千葉県
鴨川市

千光山《せんこうざん》清澄寺《せいちょうじ》

清澄山（きよすみやま）　妙見山（みょうけんやま）

日蓮が立教を宣言した日蓮宗の聖地

境内の旭が森に立つ海を見下ろす開祖の像

清澄寺は奈良時代の創建を伝える古刹だ。近郊の小湊《こみなと》で生まれた日蓮は当山で出家し、比叡山で学んだ後にもどり、建長5年（1253）、32歳で日蓮宗の開宗を宣言した。

出家得度し、立教開宗した聖なる寺として、久遠寺《くおんじ》、池上本門寺、誕生寺《たんじょうじ》と並ぶ、日蓮宗四霊場の一つに数え上げられる。

宣言の地である旭が森には、大正12年に日蓮の銅像が立てられた。開宗の固い決意を表したこの像は、群青に輝く太平洋を見つめている。

1国の天然記念物に指定される、境内にそびえる千年杉　2立教開宗750年を記念して平成11年に建てられた信育道場

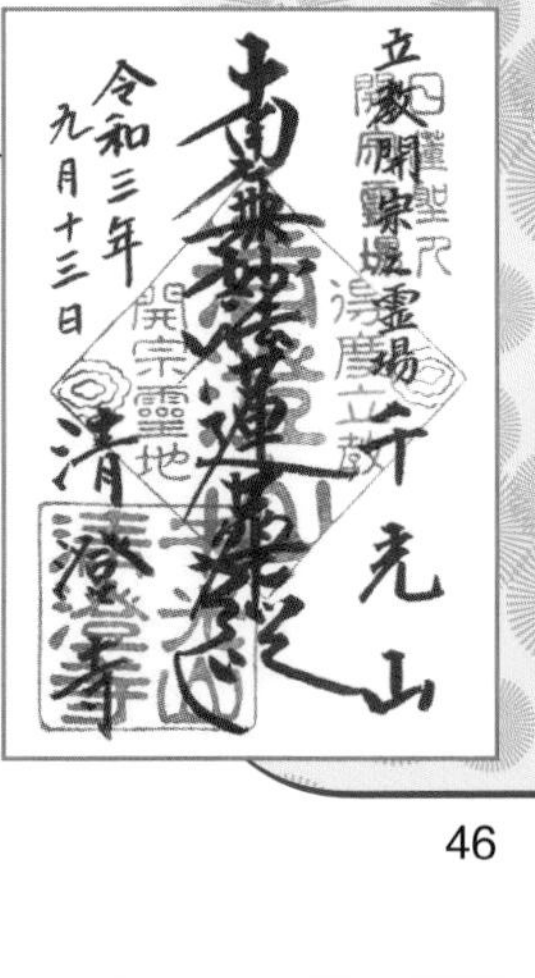

●立教開宗之霊場
南無妙法蓮華経
令和三年九月十三日
千光山　清澄寺

御本尊
十界大曼荼羅《じっかいだいまんだら》

ご利益
家内安全、学業増進、心願成就等

お祭り
2月3日　節分会
4月27・28日　立教開宗会
9月13日　虚空蔵菩薩大祭

「福は内」とだけ言いながら豆がまかれる清澄寺の節分会

3大堂(本堂)内には虚空蔵菩薩を安置する 4幕末に建てられた朱塗りの仁王門 5旭が森の高台に立つ日蓮上人銅像 6観音堂や鐘楼、大堂が並ぶ境内。春になれば清澄桜が伽藍に色を添える

清澄山系に抱かれた陽光が降り注ぐ景勝地

清澄山系の丘陵状の山々に囲まれた清澄寺は、風光明媚な山上の台地に伽藍《がらん》を広げる。

寺伝では宝亀2年（771）、不思議法師なる修験僧が、霊木から一体の虚空蔵菩薩《こくうぞうぼさつ》を刻んで祀ったのが、清澄寺の始まりだという。その後、天台宗の寺となり、江戸時代の初期には真言宗の寺へと姿を変えた。

日蓮宗に改宗したのは意外に遅く、昭和24年のことだ。

現在、大堂（本堂）を中心に伽藍を組むが、きらびやかに諸堂を林立させるわけではなく、むしろ簡素な印象さえ与え、心鎮まる空間となっている。

境内から上った山頂には、奥之院である妙見堂《みょうけんどう》がひっそりと立ち、快晴の日には、遠く富士山を望むことができる。

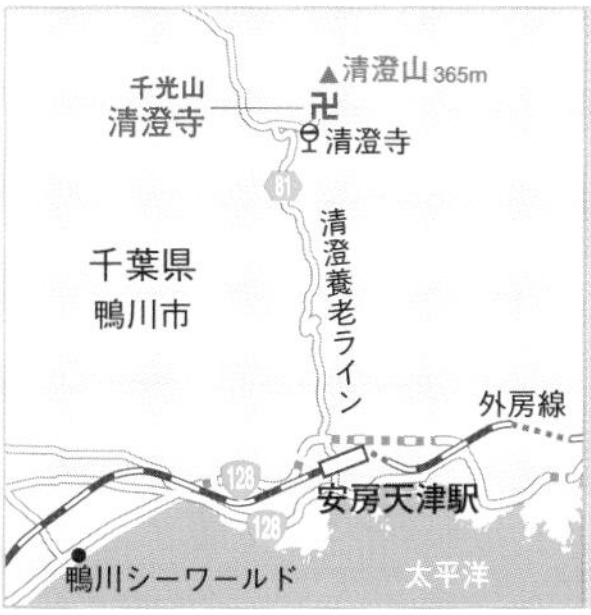

DATA

住所：千葉県鴨川市清澄322-1　☎04-7094-0525

拝観時間：境内自由

拝観料：無料（宝物殿300円）

交通：JR外房線・安房天津駅から、バス約15分で清澄寺下車。徒歩約3分。もしくは東京・木更津・千葉の各所駅前発の高速バスでJR内房線／外房線・安房鴨川駅、そこからタクシー約15分

車：館山自動車道・君津ICから約1時間、駐車場（150台）

http://www.seichoji.com/

千葉県
鋸南町

鋸山（のこぎりやま）

日本寺《にほんじ》

多数の石仏を祀った岩山にある古刹

奈良期の創建を伝える
関東地方でも有数の寺

奈良時代に創建されたという日本寺は、岩肌をさらす鋸山《のこぎり》の南斜面に伽藍《がらん》を広げる。

奈良仏教の法相宗《ほっそうしゅう》に始まり、天台、真言を経た後、江戸初期に今の曹洞宗に改宗された。開山時には多数の堂宇《どうう》が山内を埋めていたが、度重なる戦火でほとんどを失ったそうだ。

現在、境内には江戸時代後期につくられた、大きな磨崖仏《まがいぶつ》の薬師如来や、五百羅漢像《ごひゃくらかんぞう》（現・千五百羅漢）が安置され、千葉県を代表する人気寺として、多くの参拝者を迎えている。

1 春にはミツバツツジが美しい山門周辺
2 羅漢エリアには聖徳太子の童像も安置
3 江戸時代に造園された香海楼の庭園

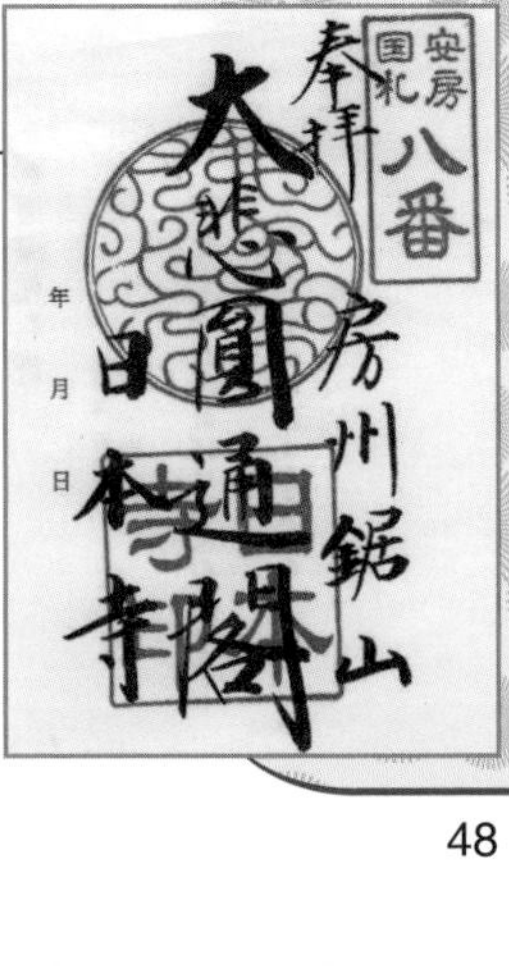

●安房国札八番
奉拝　房州鋸山
大悲圓通閣
日本寺　（日付）

御本尊
薬師瑠璃光如来《やくしるりこうにょらい》

ご利益
病気平癒、身体健康

足がすくむような断崖絶壁にある展望台「地獄のぞき」

4 鎌倉時代の禅宗様式で再建された勇壮な本殿
5 1966年に造られた高さ100尺（30m）の百尺観音
6 奥の院に安置された釈迦と十大弟子の羅漢像　7 奈良の大仏の1.7倍だという薬師如来の大仏

ロープウェイも通行し誰もが気軽に参拝可能

東京湾を見下ろす境内は、5つの地区に分かれている。

最上部の山頂エリアには、30メートルを超える百尺観音が岩肌に刻まれ、高い岩壁に突き出した岩の上には、眺望抜群の地獄のぞきの展望台もある。

羅漢エリアには、釈迦と十大弟子の石仏を安置した奥の院無《む》漏窟《ろうくつ》。千五百羅漢像や観音像などの石仏もずらりと並ぶ。

山頂から下った大仏広場では、磨崖仏では日本最大となる、31・05メートルの薬師如来坐像が待っている。この大仏が日本寺の本尊だ。中腹エリア、表参道エリアも見所は多い。

境内上部へはロープウェイや自動車道が通じていて便利だ。時間をかけてゆっくり参拝すれば、心清まる一日になるだろう。

DATA

住所：千葉県安房郡鋸南町元名184　☎0470-55-1103
拝観時間：8：00～17：00（冬期は日没まで）
拝観料：大人700円、4～12歳400円
交通：JR内房線・浜金谷駅から、徒歩約8分で鋸山ロープウェー・山麓駅、乗車して約4分で山頂駅下車。そこから鋸山山頂～百沢観音～地獄のぞき～千五百羅漢～大仏～本殿～仁王門～鋸山遊歩道～JR内房線・保田駅のハイキングコースがおすすめ（歩行時間約1時間45分）
車：富津館山道路・鋸南保田ICから約5分、鋸山観光自動車道で中腹の東口無料駐車場（50台）までいける
http://www.nihonji.jp

茨城県 桜川市

加波山（かばさん）

加波山三枝祇神社本宮《かばさんさえなづみじんじゃほんぐう》

里宮●桜川市真壁町長岡
本宮本殿・拝殿●加波山山上
親宮本殿・拝殿●加波山山上

●延喜式社
加波山神社本宮
（日付）

主祭神
伊弉冊命《いざなみのみこと》、速玉男命《はやたまのおのみこと》、事解男命《ことさかおのみこと》

ご利益
五穀豊穣、鎮火、疫病除け

お祭り
4月8日　例大祭
8月1日〜　夏山禅定祭
12月冬至の日　火渉り祭

薪の上を素足で踏み渉り無病息災を祈る「火渉り祭」

冬至の日に開かれる有名な火渉《ひわた》り祭《さい》

修験道の流れをくんだ無病息災を祈る神事

白装束の山伏のいでたちで、燃え盛る火の中を歩く。毎年冬至の日に行われる火渉《ひわた》り祭《さい》は、桜川市真壁町にある加波山三枝祇神社本宮の神事である。

室町時代から続くとされ、無病息災を祈念する。氏子だけでなく、一般参拝者の飛び入りも大歓迎で、ニュースでもしばしば取り上げられ、桜川市の冬の風物詩となっている。

火渉り祭は、江戸期まで続いた加波山大権現の修験信仰を継承したものだ。同じく修験色の強い禅定祭も8月に開催する。

1桜が咲く桜川市にある里宮の境内 2里宮は山上の本宮と親宮の遥拝所（ようはいじょ） 3自然林が多く残る加波山は紅葉の名所

❹親宮の拝殿から階段を上った場所にある親宮の本殿。山頂本宮本殿からは約200メートル離れる
❺加波山の山頂、標高709メートルに立つ山頂本宮本殿の社。本宮本殿の拝殿も、すぐ近くに立つ

茨城県

大空に稜線を広げる
神が住む美しい加波山

加波山大権現は本宮、親宮、中宮と3つの流れを形成し、明治を迎え本宮と親宮が加波山三枝祇神社へと発展した。なお本宮は、平安期の国史「三代実録」に記載される古社とされる。

山頂から中腹にかけて本殿と拝殿があり、山麓に里宮がある。里宮からは、山裾を優しげに見下ろす加波山が望める。この優美な姿への崇敬が、加波山信仰の原点だったのだろう。

山上の親宮拝殿まで車でもいけるが、この山を愛し、里宮から参道を歩いて山頂を目指す人が多い。2時間弱のハイキングで、登山と構える必要もない。

参道には修験道時代に祀られた祠が点在し、古き信仰がしのばれる。秋の紅葉も格別で、より趣深い散策になるはずだ。

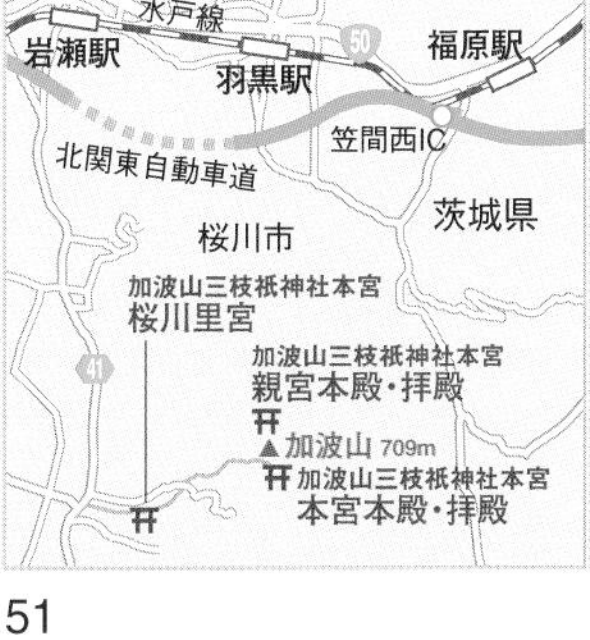

DATA

［里宮］
住所：茨城県桜川市真壁町長岡809　☎0296-55-1012
交通：JR水戸線・岩瀬駅からタクシー約20分
車：北関東自動車道・桜川筑西ICから約15分、駐車場（約10台）
［本宮本殿・拝殿］［親宮本殿・拝殿］
所在地：加波山山上
里宮〜加波山三枝祇神社本宮の本殿・拝殿へは登山となる（歩行時間約往復2時間30分）
●どちらも拝観時間：自由　拝観料：無料
http://kabasan-jinja.jp

加波山（かばさん）

加波山神社《かばさんじんじゃ》

桜川里宮（真壁拝殿）●桜川市真壁町長岡
石岡里宮（八郷拝殿）●石岡市大塚
山頂本殿・拝殿●加波山山上

修験道時代の面影を今に残す祭祀

白装束姿で山内を巡る古式を伝える禅定祭

加波山は筑波連山に属し、手軽に登れることからハイカーに人気が高い。山中にはたくさんの社や祠が祀られ、江戸時代までは修験道の霊場だった。

かつては天中宮、本宮、新宮の三社からなる加波山大権現が祀られていたが、明治の神仏分離により、天中宮が加波山神社へと姿を変え現在に至っている。

修験道の流れをくむだけに、祭祀にもそれが色濃く残る。夏に開かれる禅定祭では、山伏さながらに、講社の人や一般参拝者が白衣をまとい、山内に鎮ま

1 桜井市の里宮には普明神社の拝殿も
2 東麓の石岡市大塚にある里宮の拝殿
3 西麓側の桜川市の里宮から見た加波山

●常陸國峰加波山頂鎮座桜川里宮
加波山神社
（日付）　参拝

主祭神
国常立尊《くにとこたちのみこと》、伊邪那岐尊《いざなぎのみこと》、伊邪那美尊《いざなみのみこと》

ご利益
家内安全、子授け安産、農業漁業発展

お祭り
4月8日　例大祭
8月中　禅定祭
9月第1日曜　きせる祭

「きせる祭」は、長さ2.5メートルの大キセルを山頂のたばこ神社までかつぎ上げる

4桜川市里宮の拝殿。ここから加波山を遥拝する
5たばこ神社は山頂の本殿近くに祀られている
6眺望に優れた、山頂部に鎮座する当社の本殿
7山頂下にある拝殿。社務所も併設する

る神々を礼拝してまわる。

また加波山山中には摂社の普明《ふみょう》神社が立つが、この山で修行した、明治の有名な修験者、国安普明を祀るものだった。

山麓にある里宮からは2時間弱で山頂本殿へ

当社の本殿・拝殿は加波山の山頂付近にあり、さらに加波山を挟み、桜川市と石岡市に里宮（拝殿）を配置。両里宮は旧地名によって、真壁《まかべ》拝殿、八郷《やさと》拝殿とも呼ばれる。

なお山頂本殿の近くには、摂社であるたばこ神社も鎮座するが、石岡市の旧八郷町が葉たばこの産地だからだ。9月には当社できせる祭も開かれる。

加波山へは桜川市の里宮から参道をたどれば、ゆっくり歩いても2時間弱。修験時代の面影を訪ねながらの山旅は味わい深い。秋には紅葉が全山を彩る。

DATA

［桜川里宮］住所：茨城県桜川市真壁町長岡891　☎0296-55-3288
交通：JR水戸線・岩瀬駅からタクシー約20分
車：北関東自動車道・桜川筑西ICから約15分、駐車場（20台）
［石岡里宮］住所：茨城県石岡市大塚2212
交通：北関東自動車道・笠間西ICから約25分
［山頂本殿・拝殿］所在地：加波山山頂
●桜川里宮～加波山神社拝殿～山頂の本殿は登山となる（歩行時間約往復2時間30分）。拝殿へは車でいける。北関東自動車道・笠間西ICから約25分　●どちらも拝観時間：自由　拝観料：無料

茨城県
つくば市

筑波山（つくばさん）

筑波山神社《つくばさんじんじゃ》

拝殿●筑波山中腹
男体山御本殿●男体山の山頂
女体山御本殿●女体山の山頂

名山から眺める関東平野の大絶景

古代より崇敬された男女二神が住まう霊山

男体山と女体山からなる筑波山は、平野の中央に優美な姿を天空高く立ち上げる。

日本人の琴線《きんせん》にふれる美しさゆえ、奈良時代に編纂された『万葉集』にも筑波山を詠んだ歌が25首載り、その数は他の山を凌駕する。古代に男女が集い、山麓で歌を交換しながら求愛する歌垣の場でもあった。

いにしえより筑波男大神《つくばおのおおかみ》を男体山、女体山で筑波女大神《つくばめのおおかみ》を祀る。平安時代の延喜式《えんぎしき》には筑波男大神を明神大社、筑波女大神は明神小社と記され、すでに国

1 古代から名峰と崇められてきた筑波山
2 筑波山の中腹に立つ拝殿に延びる参道
3 山頂近くには胎内くぐりの行場もある

●奉拝　天地開闢
筑波山神社
（日付）

主祭神

男体山御本殿●伊弉諾尊《いざなぎのみこと》
女体山御本殿●伊弉冊尊《いざなみのみこと》

ご利益

縁結び、夫婦和合、五穀豊穣

お祭り

2月10・11日　年越祭
4月1日　春季御座替祭
11月1日　秋季御座替祭

男体山・御幸ケ原の「カタクリの里」では4月に花祭りを開催

4山頂の男女神を拝する二神筑波山神社の拝殿
5男体山のケーブルカー山頂駅にあるコマ展望台
6男体山の頂に鎮まる筑波男大神を祀る本殿の社
7筑波女大神を奉斎する、女体山の山頂に立つ本殿

内有数の大神社となっていた。

江戸時代には徳川将軍家の庇《ひ》護《ご》を受け、一般参詣者も押しかける大霊山へと発展。その人気は今でも健在で、年間200万人以上がここ筑波山を訪れる。

頂に広がる大パノラマ 富士山や房総半島も

男体山にはケーブルカー、女体山にはロープウェイが掛けられていて便利だが、せっかくだから山支度を整えて、中腹にある筑波山神社の拝殿から、参道を歩いて山頂を目指したい。白雲橋《しらくもばし》コースなら、女体山の頂まで2時間弱。そこから男体山へは30分でいけるだろう。

頂からは見渡す限りの絶景が楽しめる。関東平野が眼下に広がり、東京湾や房総半島、富士山も目のごちそうだ。目を凝らせば、はるかスカイツリーや新宿の高層ビルも遠望できる。

DATA

［拝殿］住所：茨城県つくば市筑波1　☎029-866-0502
交通：つくばエクスプレス・つくば駅から、バス約40分で筑波山神社下車すぐ
車：常磐自動車道・土浦北ICから約40分、市営駐車場（300台）
［男体山御本殿］所在地：男体山山頂
交通：筑波山ケーブルカー・筑波山頂駅から石段を上り、徒歩約15分
［女体山御本殿］所在地：女体山山頂
交通：筑波山ロープウェイ・女体山駅から、徒歩約3分
●拝殿～女体山御本殿～男体山御本殿の登山コースも人気がある（歩行時間片道約2時間40分）●すべて拝観時間：境内自由　拝観料：無料
http://www.tsukubasanjinja.jp/

茨城県
大子町《だいごまち》

八溝山（やみぞさん）

八溝嶺神社《やみぞみねじんじゃ》

大鳥居●八溝山の麓
社　殿●八溝山の山頂直下

山上で語りかける遠い昔の黄金の物語

黄金神と崇められた歴史的にも重要な古社

茨城、栃木、福島の県境にまたがる八溝山は、古代には金の産出地として知られていた。

平安初期の歴史書には、八溝黄金神に祈ったところ、通常の数倍の砂金が採れ、遣唐使の派遣費用が潤ったと書かれる。

八溝黄金神とは、山頂にある今の八溝嶺神社のことだ。平安中期の神社録である、延喜式神《えんぎしきじん》名帳《みょうちょう》にも名が記載され、朝廷にとって重要な神社だった。

室町時代に常陸を支配した佐竹氏は、八溝山の黄金を資金源にしていた。だが佐竹によって

1 なだらかな山容を天空に広げる八溝山
2 蛇穴バス停近くにある当社の大鳥居
3 参道にある八溝川湧水群の一つ金性水

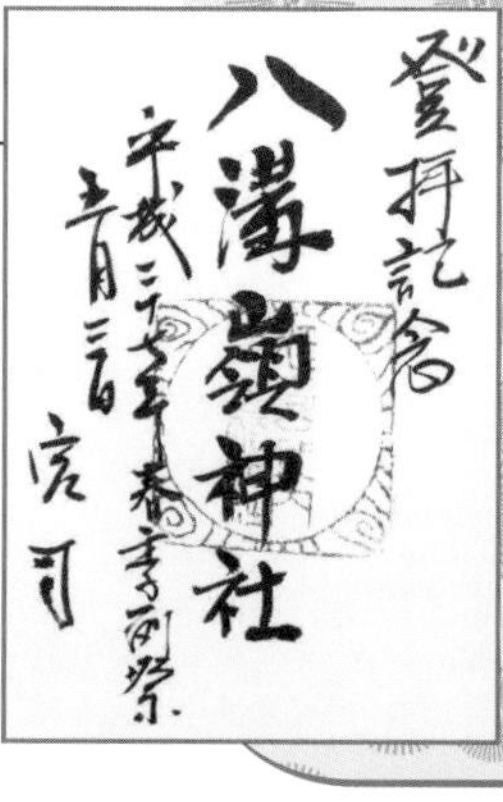

●登拝記念　八溝嶺神社（日付）　春季例祭　宮司
●御朱印は、祭礼の日のみ社務所にていただけます

主祭神
大己貴命《おおなむちのみこと》、事代主命《ことしろぬしのみこと》

ご利益
豊作祈願、商売繁昌、金運興隆、縁結び、夫婦和合

お祭り
5月3日　例祭（梵殿を八溝嶺神社までかつぎ上げ奉納　不定期）

車で山頂付近までいけるが、八溝山ハイキングコースを登るのも楽しい

4八溝嶺神社の境内入口に立つ鳥居と白馬の像 5神社の裏手には城を模した展望台が建てられた 6山頂にたたずむ八溝嶺神社の社殿 7快晴の日には山頂から富士山や筑波山、日光連山が望める

茨城県

掘りつくされて、ゴールドラッシュは終焉を迎える。八溝嶺神社にかつての輝きがないのは、金が採取できなくなったことと無関係ではないだろう。

名水百選に選ばれた山中に湧く清らかな水

黄金に代わって、今では八溝山は名水の山となった。

山麓の大鳥居から2時間ほど歩くと金性水《きんしょうすい》に着く。その上部には鉄水《てっすい》、龍毛水《りゅうもうすい》、白毛水《はくもうすい》、銀性水《ぎんしょうすい》と湧き水が続く。この5水は名水百選に指定されている。銀性水から約30分で当社が立つ山頂にいけるが、八溝山は産金でにぎわう前、水に感謝する素朴な水信仰の山だった。現在の八溝嶺神社は、太古の姿に近いといえるかもしれない。

大鳥居から山頂まで徒歩約2時間半。神社まで林道が通じているので車での参拝も可能だ。

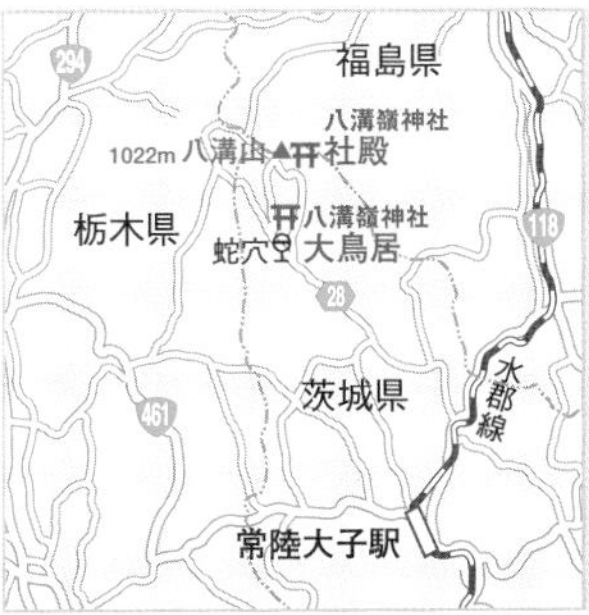

DATA

住所：茨城県久慈郡大子町上野宮2129
問い合わせ：☎0295-72-0285（大子町観光協会）
拝観時間：自由（冬期閉鎖）　**拝観料**：無料
交通：JR水郡線・常陸大子駅から、バス約45分で蛇穴下車、徒歩約15分で八溝嶺神社大鳥居。そこから車道に沿って歩き、八溝山ハイキングコースを登って山頂へ（徒歩片道約2時間30分）
●山頂下の社殿まで車で行ける
車：常磐自動車道・高萩ICから約1時間20分、常磐自動車道・那珂ICから約1時間40分（駐車スペース約10台）
http://www.daigo-kanko.jp/（大子町観光協会）

栃木県
栃木市

太平山神社《おおひらさんじんじゃ》

太平山（おおひらさん）

はるか古代からの信仰を伝える名社

多数の摂社が立ち並ぶ由緒ある祈りの聖地

あじさいが植えられた石段の表参道を上り、太平山中腹にある本殿を目指した。一帯は聖域らしい静寂が支配する。随神門《ずいしんもん》が見えてくると本殿も近い。

太平山の森を背に立つ本殿は、由緒ある神社だけに風格をたたえる。その脇には交通安全神社や蛇神社、福神社、星宮《ほしのみや》神社、太平稲荷神社などの社がずらりと並び、ご利益の窓口の広さが当社の魅力でもあった。

参拝をすませたら、境内近くの茶屋で、名物の玉子焼きや太平だんごを食するのも一興だ。

1 江戸中期に将軍徳川吉宗が建てた朱塗りの随神門　2 太平山中腹に広がる境内。本殿と多くの摂社、末社が軒を連ねる

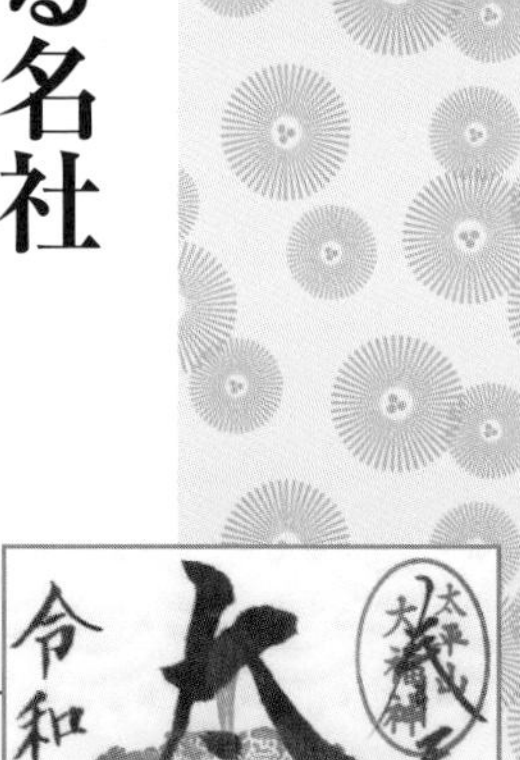

●奉拝　下野國
太平山神社
令和三年九月九日

主祭神
瓊瓊杵命《ににぎのみこと》、天照皇大御神《あまてらすおおみかみ》、豊受姫大神《とようけひめのおおかみ》

ご利益
天下太平、家内安全、諸願成就

お祭り
3～4月　太平山さくらまつり
4月19日 太々神楽祭
6～7月　太平山あじさいまつり

約2500株が咲き競う〝あじさい坂〟

3本殿とその前に設けられた霊験あらたかな撫で石　4本殿の並びにある足尾神社　5本殿奥にある奥宮。当社遷座前の古き神を祀る　6星宮神社の殿内。子易神社や天満宮もここに配されている

関東を一望する地から人心の太平を祈願する

創建は平安時代初期と伝えられるが、それ以前の宗教遺跡も見つかり、太平山は古くからの信仰の山だったようだ。

古文書には摂社や末社、および寺院が山内に80余立ち並んでいたとある。長年人々の祈りを受け止めてきた一大霊地だったことは間違いない。

ヤマト王権の東国進出を宗教面で支えた、奈良の三輪山《みわやま》信仰も色濃く残り、栃木市は、いにしえから下野《しもつけ》（栃木県）の統治では重要な土地だっただけに、仏教も含め、さまざまな古き信仰が重層構造をなす。それが当社の奥行となり、多くの参拝者を迎える要因の一つとなっている。

本殿に加え、祀られる摂社や末社に手を合わせれば、きっと心の太平が得られるだろう。

DATA

住所：栃木県栃木市平井町659　☎0282-22-0227
拝観時間：自由
拝観料：無料
交通：JR両毛線／東武鉄道・栃木駅から、バス約15分で国学院前下車。徒歩約4分であじさい坂入口、そこから石段を上り約18分
●JR両毛線・大平下駅から、太平山神社まで車道〜山道をいくハイキングコースも楽しい（歩行時間片道約1時間20分）
車：東北自動車道・栃木ICから約15分、周辺に駐車場
http://www.ohirasanjinja.rpr.jp/

栃木県
鹿沼市

石裂山（おざくさん）

加蘇山神社《かそやまじんじゃ》

下　社●鹿沼市上久我
奥の宮●石裂山中腹の岩窟

霊気たたえる広大な深山幽谷に鎮座

五穀豊穣を祈念して、古式に則って厳かに執り行われる例大祭

64万余坪の広い境内地 石裂山をご神体と仰ぐ

石裂山は標高879メートルの低山だが、上部に難所が連続するスリリングな山として、登山者に根強い人気がある。

その石裂山の東麓に鎮座するのが加蘇山神社だ。石裂山をご神体とし、境内地は約64万5000坪という広大さを誇る。

平安初期の国史『三代実録《さんだいじつろく》』にも名が記載され、古社であることは間違いないが、戦国時代の末に在地豪族と対立して衰退。過去の栄華を物語る史料が伝わらないのが惜しまれる。

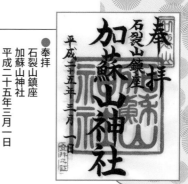

●奉拝
石裂山鎮座
加蘇山神社
平成二十五年三月一日

主祭神
磐裂命《いわさくのみこと》、根裂命《ねさくのみこと》、武甕槌男命《たけみかづちおのみこと》

ご利益
五穀豊穣

お祭り
2月28日　祈年祭
10月16日　例大祭
11月29日　新嘗祭（にいなめさい）

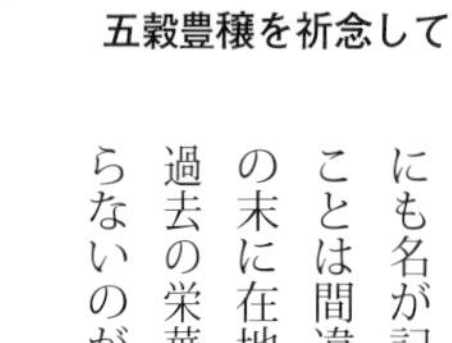

例大祭は厳かに行われる

1 一の鳥居、冠鳥居の奥に立つ下社。山上にある奥の宮を拝する里宮的な神社
2 うっそうとした杉木立の中にある境内
3 下社手前の遥拝社（ようはいしゃ）にある拝殿。ここから背後の神体山、石裂山を直接拝する

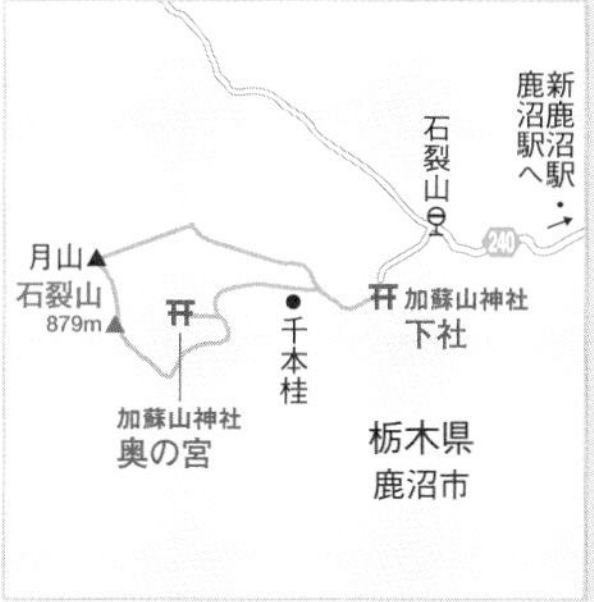

DATA

住所：栃木県鹿沼市上久我3440
拝観時間：自由　**拝観料**：無料
交通：リーバス上久我線JR鹿沼駅から45分、東武新鹿沼駅から30分、石裂山下車。徒歩約3分で遥拝殿。そこから徒歩約10分、石段を上った先に下社
車：東北自動車道・鹿沼ICから60分、駐車場（20台）
●下社～奥の宮～石裂山山頂～月山山頂～下社は、ハシゴや鎖場が連続する本格的な登山となる（歩行時間約4時間）
https://www.kanuma-kanko.jp/（鹿沼日和）

大河ドラマのロケ地ともなった神域

1 静寂をたたえて古社然として鎮まる下社の拝殿。後ろの斜面には本殿が立つ
2 奥の宮へと登る険しい鎖場
3 中心の太い幹から多数の幹が伸びる千本桂。縁結びの霊木として崇められる

神木として崇敬される 樹齢千年の桂の古木

拝殿や社務所が立つ遥拝社《ようはいしゃ》の先には、深い森に包まれた石裂山が静寂を保ってたたずむ。

下社（本社）はさらに数百メートル進んだ石裂山の麓にあり、2本の巨木の間に、社殿に通じる石段の参道が延びている。

参道は杉林に覆われ、神域のたたずまいに心も洗われる。大河ドラマ「源義経《みなもとのよしつね》」のロケ地に選ばれたのも、神威が濃厚に満ちるこの気配からだろう。

石段を上り、2本の石柱に横1本を渡した冠鳥居をくぐると、そこが下社の境内だ。社殿は風格をたたえ、当社の由緒を語りかけてくるようだ。

さらに足を延ばし、ご神木の千本桂《せんぼんかつら》を訪ねよう。樹齢千年とされ、神が宿るたたずまいに、思わず手を合わせたくなる。

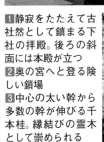

4 旧月山神社。平成24年春の強風で倒壊し、現在再建を急ぐ
5 西剣ノ峰からの石裂山。縦走路は鎖場や梯子が連続する
6 険しい岩山の岩窟内に鎮座する奥の宮。一般参詣は困難

石裂山

加蘇山神社

奥の宮、月山方面へは鎖場や梯子が続く難路

千本桂からは鎖場や梯子が連続し、登山経験者以外は安易に立ち入らないほうがいい。

一応概略を説明すると、中の宮跡を越えて行者返しの鎖場を登り、岩窟に鎮座する奥の宮へ。さらに東剣ノ峰、西剣ノ峰、石裂山の難所を通過して月山に到着する。月山の頂には境内社の月山神社が祀られる――。

下宮を起点に設定された、奥の宮、月山神社を巡る回遊路だが、転落事故も起き、立ち入る場合には、くれぐれも慎重な行動が要求される。一般参詣者は千本桂までとするのが無難だ。

栃木県
那珂川町

鷲子山（とりのこさん）

鷲子山上神社《とりのこさんしょうじんじゃ》

緑豊かな深山に立つフクロウの神社

自然百選にも選ばれた巨木が繁る幽玄な霊山

当社は標高463メートルの鷲子山の頂に立つ。栃木と茨城の県境に位置し、参道の中央を境界線が走っている。

祀られるのは、『日本書紀』の神話に登場する天日鷲命《あめのひわしのみこと》という鳥の神様だ。創建は平安初期の大同2年（807）と伝えられ、由緒を誇っている。

ここ鷲子山には、うっそうとした老樹や巨木が生い茂る。ブナやモミの原生林も残り、日本自然百選に選定された。紅葉の名所として、秋には多数の観光客がもみじ狩りに訪れる。

1開運をもたらすという、拝殿まで延びるフクロウの石段　2本殿彫刻

●奉拝　県境　茨城　栃木
鷲子山上神社
（日付）

主祭神
天日鷲命《あめのひわしのみこと》

ご利益
運気上昇、金運福徳、学業成就

お祭り
5月　春のフクロウ祭り
7月中旬　祇園祭
11月第3土曜　夜祭り

神秘的な古儀を目の当たりにできる夜祭り

5

3

6

4

3秋には山もみじが燃えるような紅葉を見せる
4本宮神社にある日本一のフクロウ像
5山頂部に祀られている境内社
6参道途中に立つ楼門は江戸時代後期の造営

参拝客から崇敬集める神の使いのフクロウ

神社からは関東平野の眺望が楽しめ、快晴の日には富士山も顔をのぞかせる。この素晴らしい景観も当社の財産だろう。

境内を散策すると、日本一の大きさのフクロウ像ほか、フクロウにちなむものが目につく。フクロウの鐘、水かけフクロウ、フクロウ御柱、フクロウのベンチ……。お守り類もフクロウ関連が多数用意されている。

フクロウは主祭神である天日鷲命のお使いで、「不苦労」「福老」「福来朗」の文字を当て、開運招福の象徴とするからだ。最近では、フクロウの神社と呼ばれることも多くなってきた。

みごとな彫刻が施され、江戸中期造営の本殿や、水戸光圀ゆかりの伍智院「黄門様ご休憩の間」（要予約）など見所も多い。

DATA

住所：栃木県那須郡那珂川町矢又1948　☎0287-92-2571
茨城県常陸大宮市鷲子3662（県境のため2つ住所あり）
拝観時間：9：00～16：00　**拝観料**：無料
交通：JR烏山線・烏山駅からタクシーで約20分
車：常磐自動車道・那珂ICから50分、東北自動車道・矢板ICから約1時間、駐車場（80台）。初詣など混雑時は、車道入口は茨城県側、出口は栃木県側となる
●山上の祠は「鷲子山大樹の杜」遊歩道を進み、鷲子山山頂付近にある（徒歩約30分）
http://www.torinokosan.com/

栃木県
那須町

那須岳（なすだけ）

那須温泉神社《なすゆぜんじんじゃ》

御本社●栃木県那須町湯本
奥　宮●茶臼岳山頂

殺生石《せっしょうせき》伝承が彩る那須与一《なすのよいち》ゆかりの社

当社に祈って的を射た源平合戦の与一の逸話

湯本温泉の丘にある当社は、平安時代中期の記録（延喜式神名帳《えんぎしきじんみょうちょう》）にも記載される古社だ。

創建は飛鳥時代とされ、舒明《じょめい》天皇《てんのう》の御世、狩野三郎行広が白鹿を追って温泉を発見。それに感謝して社を設けたという。

当社を語るうえで欠かせないのが那須与（余）一である。平安末期の源平合戦の折、与一は氏神である当社に祈念し、揺れる小舟に掲げられた平家方の扇を射落とすことができた。参道入口にある鳥居は、その与一が奉納したものと伝えられる。

1木立の中、三の鳥居に向かって延びる静寂な表参道
2古社然とした当社本殿

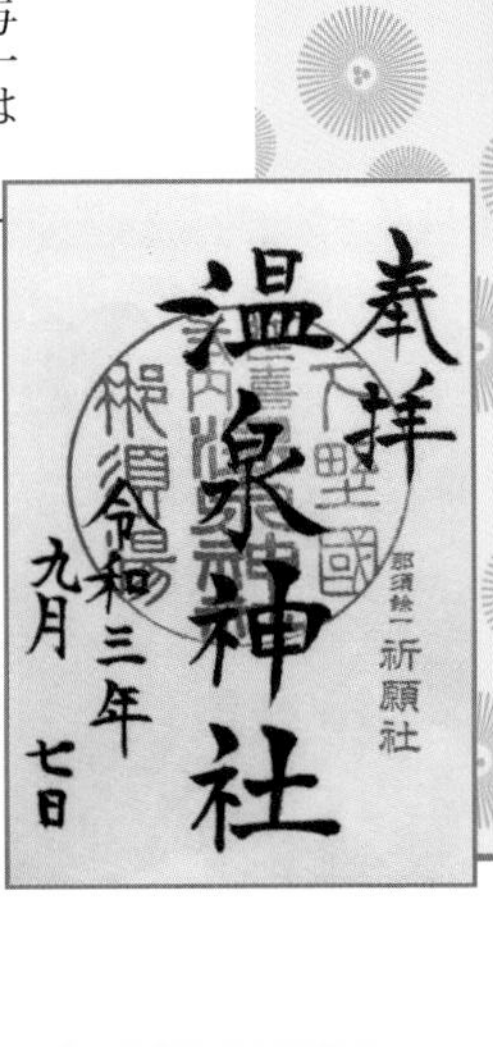

●奉拝　那須与一祈願社
温泉神社
令和三年九月七日

主祭神

大己貴命《おおなむちのみこと》、少彦名命《すくなひこなのみこと》、誉田別命《ほんだわけのみこと》

ご利益

健康長寿、家内安全、商売繁昌

お祭り

2月3日　節分祭
10月8・9日　例大祭
（湯汲祭、献湯祭ほか）

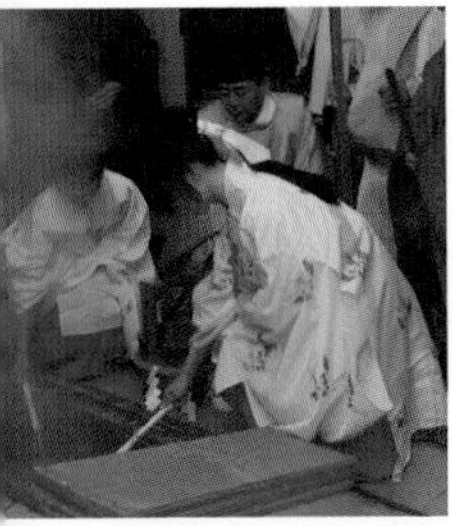

湧き出ずる湯に感謝の誠を捧げる神事（湯汲祭）

3南月山から眺めみる茶臼岳　4温泉神である大己貴命と少彦名命を祀る本殿の内陣　5茶臼岳山頂にある奥宮、那須岳神社

九尾《きゅうび》の狐《きつね》伝承にちなみ境内稲荷で妖狐を祀る

神社の前に足湯があるのは、いかにも温泉地らしい。境内にもかすかに硫黄の臭いが漂う。

参道は緑の中に延び、古社にふさわしい清浄さに満ちる。誰もが安らぎを感じるだろう。

境内にある稲荷社は、九尾の狐を祀る。九尾の狐は大陸から渡ってきた妖狐で、朝廷にあだなしたため都を追われ、ここ那須で退治された。だが毒ガスを吐き出す殺生石《せっしょうせき》に姿を変え、人々を苦しめたという。

その有名な殺生石があるのが、近くの湯川ぞいにある賽の河原だ。殺生石周辺からは今でも有毒な硫化水素が噴出し、柵で囲われている。当社の参拝の帰りに立ち寄るのもいいだろう。

また、奥宮は那須岳の一峰、茶臼岳山頂にある。

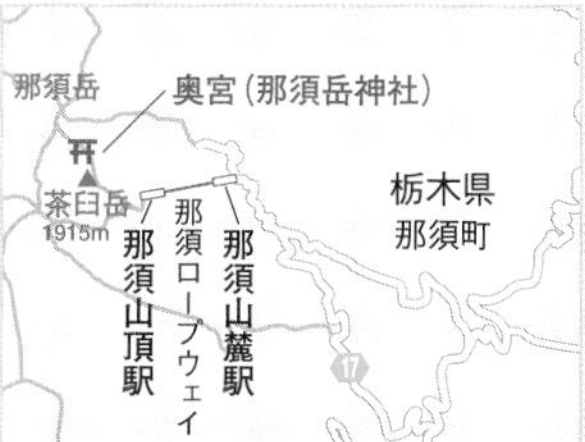

DATA

［拝殿］

住所：栃木県那須郡那須町湯本182　☎0287-76-2306

拝観時間：自由　拝観料：無料

交通：JR東北本線・黒磯駅からバス約35分で那須湯本下車、徒歩すぐ

車：東北自動車道・那須ICから約20分、境内駐車場（7台）、県営駐車場（20台）

●奥宮である那須岳神社へは、那須ロープウェイで那須山頂駅へ上がり、茶臼岳山頂まで本格的登山となる（歩行片道時間約50分）

http://nasu-yuzen.jp

男体山(なんたいさん)

日光二荒山神社《にっこうふたらさんじんじゃ》

本　社●栃木県日光市山内
中宮祠●栃木県日光市中宮祠
奥　宮●男体山山頂

開山1230年余の世界遺産の霊山

男体山の麓に広がる中禅寺湖。日光二荒山神社の中宮祠が湖畔に立つ

奈良後期に開かれた北関東にそびえる名峰

僧侶の勝道《しょうどう》は奈良後期の天応2年（782）、積年の念願をかなえ、修行の末に男体山《なんたいさん》の絶頂に立つことができた。

勝道による男体山の開山は、日光山信仰の幕開けとなり、日光の地にある、現在の二荒山神社と輪王寺《りんのうじ》という二つの流れとなって、受け継がれている。

一般的に、寺社の開山説話は後世に作成され、史実ではないものがほとんどだ。だが男体山の開山は事実であり、同時代の空海が絶賛を書き記した。

●奉拝
二荒山神社
(日付)

主祭神
二荒山大神［大己貴命《おおなむちのみこと》、田心姫命《たごりひめのみこと》、味耜高彦根命《あじすきたかひこねのみこと》］

ご利益
商売繁盛、安産祈願、厄除け招福

お祭り
4月13～17日　弥生祭(本社)
7月31日～8月7日
男体山登拝祭(中宮祠・奥宮)

日光に鮮やかに春を告げる弥生祭

1 山内地区にある本社。桃山様式の格調高い社殿は2代将軍徳川秀忠が建てた
2 日光の町と山内の聖域を隔てる神橋
3 二荒山神社の神域にある、中禅寺湖から流れ出す日本三大名瀑の一つ華厳ノ滝

DATA

［本社］住所：栃木県日光市山内2307　☎0288-54-0535
拝観料：200円　交通：JR／東武日光駅から、世界遺産めぐりバス約13分で大猷院（たいゆういん）・二荒山神社前下車すぐ　車：日光宇都宮道路・日光ICから約7分、駐車場（50台・500円）
［中宮祠］住所：栃木県日光市中宮祠2484　☎0288-55-0017
拝観料：無料（宝物館500円）　交通：JR／東武日光駅から、東武バス約50分で二荒山神社前下車すぐ　車：日光宇都宮道路・清滝ICから約30分、駐車場（50台）
●ともに拝観時間：8：00〜17：00（4〜10月）、9：00〜16：00（11〜3月）
●男体山山頂の奥宮へは、中宮祠より登山となる（歩行片道約3時間40分）
http://www.futarasan.jp/

中宮祠

中禅寺湖を見下ろす男体山の柔和な姿

1 男体山に登る表参道は中宮祠が起点。開門は5月5日から10月25日までの期間限定　2 山内地区から中禅寺湖に上るいろは坂は紅葉の名所として有名　3 男体山は標高2486メートルで日本百名山に選定される名峰。頂は中部山岳の展望台だ

男体山をご神体とし広大な神域をもつ古社

勝道が開いた神仏習合の日光山信仰は、平安時代には山内の地で開花し、中世になると関東の大霊場として大隆盛をとげた。

徳川家康を神として祀る東照宮が江戸初期に造営されたのも、日光が類まれな聖地だったからだ。二荒山神社、輪王寺、東照宮は一体の信仰として繁栄の江戸期をすごし、明治の神仏分離で二社一寺に分割された。

神社として独立した二荒山神社は、男体山の頂に奥宮を祀り、山麓の中禅寺湖畔に中宮祠を、そして山内に本社を構える。

ご神体とする男体山だけでなく、華厳ノ滝、第一いろは坂などを境内に含み、神域全体は3400ヘクタールにもおよぶ。

平成11年、日光の社寺として当社も世界遺産に登録された。

栃木県

男体山

日光二荒山神社

奥宮

4奥社と社務所が立つ男体山山頂には、巨大な刀剣が天を向く。北側には古代祭祀の宗教遺跡もある
5日の出を迎えた神の山男体山。奈良時代から続く信仰の山として、今も篤（あつ）い崇敬が寄せられる

勝道が山頂で目撃した清浄な観音浄土の世界

男体山への登山は中宮祠から始まる。神楽祈祷受付所で記帳し、登拝料もここで奉納する。

奥宮が立つ山頂までは急坂を登る。たどり着いた頂からは富士山を筆頭に南北のアルプスが望めるが、一際目を引くのが眼下に横たわる中禅寺湖だ。

勝道は登頂したとき、男体山を観音菩薩の浄土＝補陀落山《ふだらくさん》だと確信したという。青く澄んだ中禅寺湖が、浄土の実感をより高めたことは間違いない。

奈良時代に勝道を魅了した中禅寺湖は、今も日光の山上で、美しい輝きを発し続けている。

群馬県
前橋市

赤城山（あかぎさん）

赤城神社《あかぎじんじゃ》

大沼の清らかな水面に映る華麗な社殿

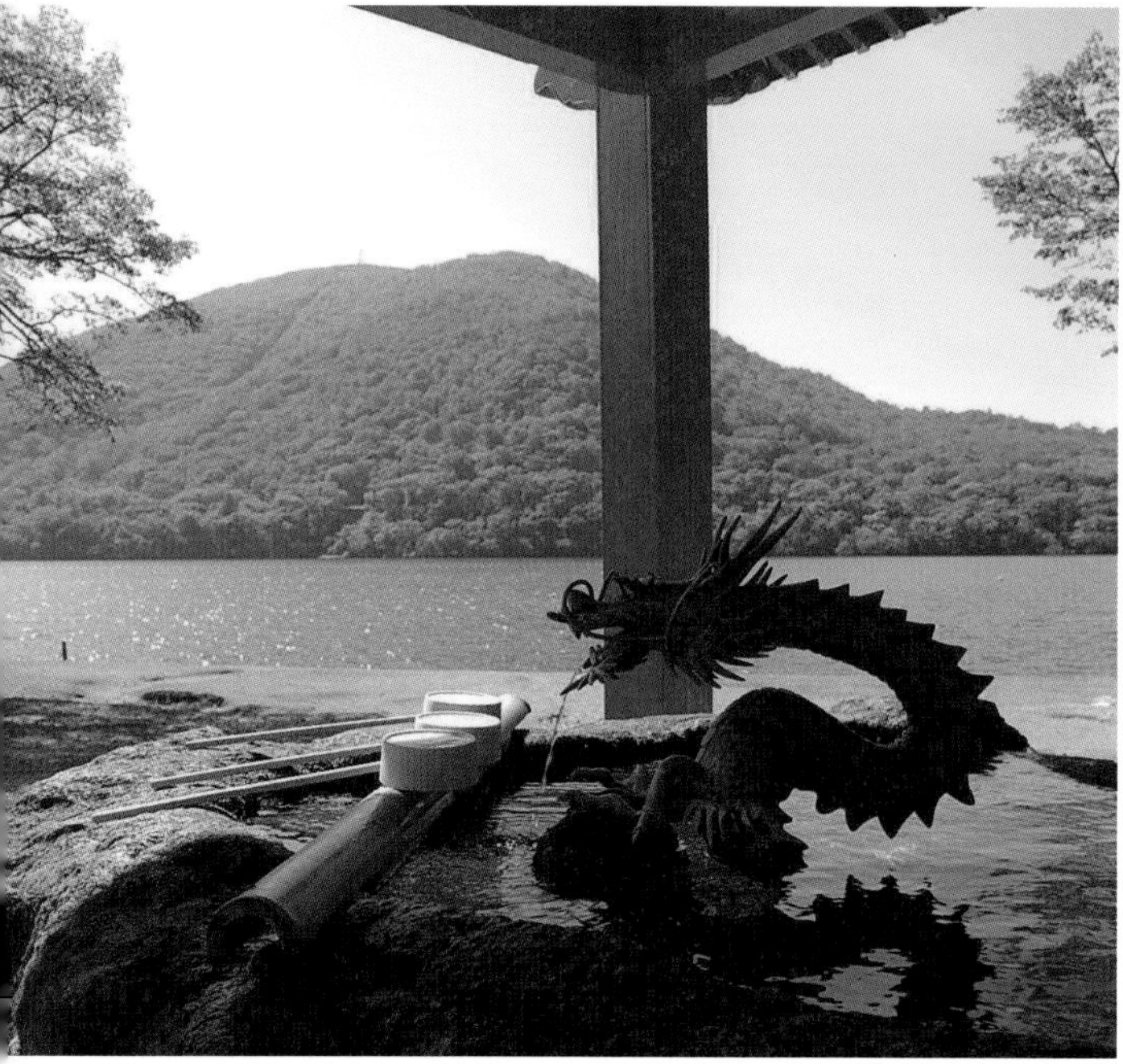

赤城神社の境内にある手水舎。大沼の向こうに地蔵岳が山容を広げる

多数の参拝客が訪れる夏祭りの灯篭流し神事

鮮やかな朱塗りの神橋をわたると、石鳥居の先に同じく朱塗りの本殿が立っている。

赤城神社は赤城山の山上湖、大沼の小鳥ケ島に鎮座する。

最高峰である黒檜山《くろびやま》の麓に位置し、地蔵岳《じぞうだけ》の柔和な山容と大沼越しに向き合う。これほど風光明媚な地にある神社はそうはないだろう。

伝説の赤城姫と淵名姫にちなむ、ミス赤城姫とミス淵名姫が御神火をいただき始まる灯篭流しは、幻想的といっていい。

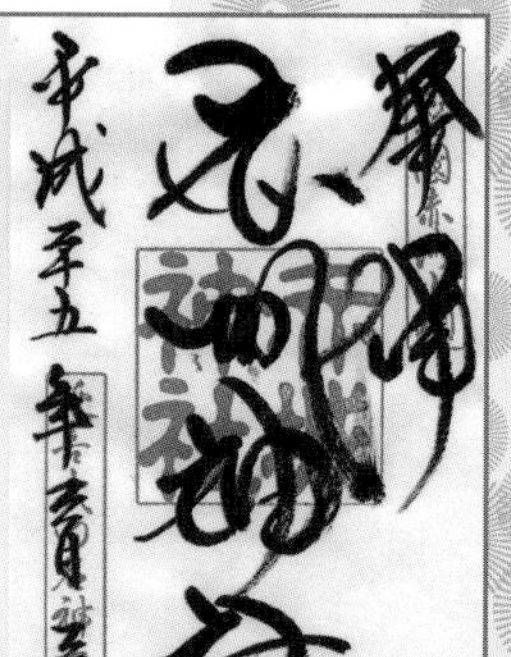

●奉拝
赤城神社
平成二十五年三月三日

主祭神
赤城大明神《あかぎだいみょうじん》、大國主尊《おおくにぬしのみこと》、磐筒男尊《いわつつおのみこと》、磐筒女尊《いわつつめのみこと》、経津主尊《ふつぬしのみこと》

ご利益
開運招福、心身健康、学業成就、芸事上達

お祭り
5月8日　例大祭・山開き
8月8月　湖水祭
10月体育の日　秋祭り（流鏑馬）

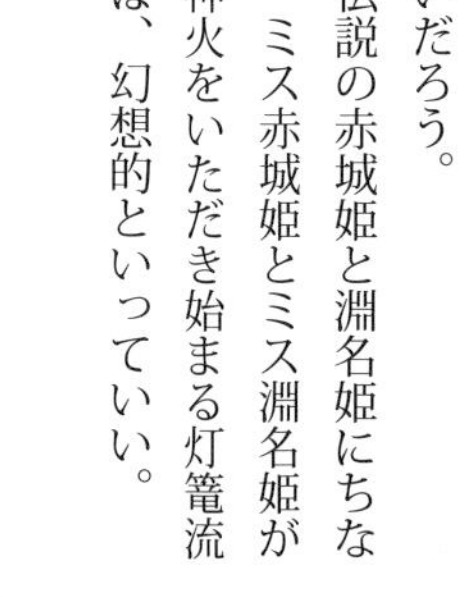

秋祭りでは、流鏑馬（やぶさめ）や火縄砲術などの奉納神事が行われる

1

3

2

1 陽光に立つ赤城神社の本殿。昭和45年の小鳥ケ島遷座にともない造営された
2 本殿にひかえた狛犬が参詣者を迎える
3 夏祭りではミス赤城姫、ミス渕名姫が灯篭に御神火を移し、灯篭が流される。夕暮れの湖に浮かぶ灯篭が情感あふれる

DATA

住所：群馬県前橋市富士見町赤城山4-2　☎027-287-8202
拝観時間：日の出より日没まで
拝観料：無料
交通：JR両毛線・前橋駅から、バス約30分で富士見温泉、乗り換えバス約45分であかぎ広場前下車。徒歩約10分
●土日祝は直通バスあり（約1時間）
車：関越自動車道・赤城ICから約1時間、駐車場（90台）
http://akagijinja.jp/

各地に勧請《かんじょう》された赤城大明神の神霊

1 この神橋をわたって、小島ケ島に鎮座する本殿に参拝する
2 古代信仰と祭祀を現代に伝える祭事には、赤城神社の長い歴史がうかがえる
3 大洞地区の元宮跡地に湧く御神水。水に対する信仰が赤城山の中心部を占める

平安時代の中期には正一位の神位を授かる

赤城神社の主祭神は赤城大《あかぎだい》明神《みょうじん》だ。赤城山と山上の湖を神格化して祀っている。崇高な山と、人々に恵みの水をもたらす自然信仰をもといに置く。

信仰の創始は太古に遡り不明だが、平安時代の承和6年（839）に神位授与が始まり、その後、昇叙《しょうじょ》を重ねていき、長元年間（1028〜1037）には、朝廷から最高位である正一位の神位を賜った。

また平安中期の神社録、延喜《えんぎ》式神名帳《しきじんみょうちょう》にも「明神大《みょうじんだい》」と記され、大社に列せられている。

時代が下り、江戸時代に入って寺社参拝が盛んになると、赤城詣が大隆盛を迎えた。

日本各地にある赤城神社は、当時の信仰の広がりを現在に伝えるものである。

4 大洞で祀られている弁天宮
5 薬師岳の頂から見た大沼と、社殿が立つ岬状の小鳥ケ島
6 旧盆の祖霊祭では神職が神奈備（かむなび）の赤城山（地蔵岳）に登り、御霊の送り迎えをする

赤城山

赤城神社

山上の神秘の湖を彩る悲しき姫たちの伝説

古くは地蔵岳の中腹に神社があったが、平安時代初期の大同元年（806）に大沼の南に位置する大洞に遷宮《せんぐう》したという。その大洞から現在地に本殿を移したのは、昭和45年のことだ。

大洞には神社跡が残るが、そこには朝廷や幕府に献上された、一すくい千金に値すると伝わる御神水が湧く。ご利益を求め、汲んで帰る参拝者は多い。

大沼には赤城姫と淵名姫の伝説ほか、数々の哀切に満ちた伝承が残されている。そんな逸話や文化を知って訪ねれば、より味わい深い参詣旅になるだろう。

草津白根山（くさつしらねさん）

白根神社《しらねじんじゃ》

里宮●群馬県吾妻郡草津町
奥宮●白根隠し山頂

草津温泉に鎮座する白根山信仰の古社

延喜式神名帳《えんぎしきじんみょうちょう》に記載の平安時代から続く由緒

草津温泉のシンボル、湯煙を上げる湯畑から急な石段を上って徒歩3分。温泉街を望む高台に、白根神社は鎮まる。一帯はシャクナゲの群生地だ。5月の上旬には淡いピンクの花が境内のあちこちに咲き、参拝者の心を和ませる。

白根神社は古い由緒をもつ古社である。平安時代中期の国の神社録＝延喜式神名帳にもその名が記載されている。

温泉の鎮守として、草津温泉の繁栄を静かに見守っている。

1 シャクナゲの花が彩る白根神社の社殿
2 温泉街の上、囲山（かこいやま）に広がる閑静な境内

●草津温泉
白根神社
（日付）

●御朱印は神社の石段下の食堂「松美（まつみ）」で対応しています

主祭神
里宮●日本武尊《やまとたける》
奥宮●白根大明神《しらねだいみょうじん》

ご利益
安産、子育て、家内安全

お祭り
1月14日　どんどん焼き
7月17・18日　白根神社祭礼
10月15日　七五三詣

湯畑の周囲を神輿がまわる「白根神社例祭」

3 草津白根山の絶景　4 観光客が絶えない草津温泉の湯畑　5 白根山の一峰、白根隠し山頂に立つ白根神社の奥宮
6 エメラルドグリーンの水が満ちる湯釜

群馬県

白根山の峰に祀られる素朴な自然崇拝の社

当社と草津白根山のかかわりは深い。白根山は頻繁に噴火を繰り返し、禍なす火の山と恐れられるとともに、人知を超えた神が住まう山として敬われた。

そんな自然崇拝の信仰がいつ生まれたかは不明だが、山頂にあるエメラルドグリーンの水をたたえた湯釜の縁からは、平安末期から鎌倉初期のものとされる、山岳修験者が奉納した笹塔《ささとう》婆《ば》が多数見つかっている。

少なくとも平安時代には、白根山を神の山とする信仰は存在していたようだ。そんな聖なる神の峰を里から遥拝する地に置かれたのが、白根神社だった。

できれば古き信仰の姿を求め、白根隠しの山頂にある奥宮も訪ねてみよう。眼下に草津の町並みを望むことができる。

DATA

［里宮］住所：群馬県吾妻郡草津町草津538
問い合わせ：☎0279-88-0800（草津温泉観光協会）
拝観時間：境内自由　拝観料：無料
交通：JR吾妻線・長野原草津口駅から、バス約25分で草津温泉バスターミナル下車、徒歩約10分　車：上信越自動車道・碓氷軽井沢ICから約1時間20分、関越自動車道・渋川伊香保ICから約1時間20分、駐車場なし
［奥宮］所在地：草津白根山の白根隠し山頂
期間：4月下旬～11月中旬（冬季閉鎖のため）
●白根火山駐車場から徒歩約20分
https://www.kusatsu-onsen.ne.jp/（湯 Love 草津）

※「奥宮」は、火山規制のため立ち入り禁止になっていますので、ご確認ください（2021年9月現在）。

妙義山（みょうぎさん）

妙義神社《みょうぎじんじゃ》

怪異な岩峰群を背に立つ絢爛たる社殿

参詣客が押し寄せてガイド本も刊行される

天を突く切り立った岩峰群を連ねた妙義山は、見るものを圧倒する迫力に満ちる。その奇異ともいえる山容に導かれ、早くから山岳信仰の霊場となった。平安期の歴史書にも、妙義神社の前身、波己曾社《はこそしゃ》が登場する。中世からは修験道の道場として栄え、入峰した行者たちが岩壁を登攀《とうはん》して修行に励んだ。

そんな妙義山信仰が、庶民にまで広まるのは江戸期になってからだ。あまりの人気に参詣者用のガイド本も出版され、信仰圏は関東、中部全域に拡大した。

1 朱塗りも鮮やかな国重文指定の総門
2 総門の先に立つ波己曾社の豪華な社殿
3 国重文指定を受けた風格たたえる唐門

●上野國妙義山　奉拝
妙義神社
令和三年四月十五日

主祭神

日本武尊《やまとたけるのみこと》、豊受大神《とようけのおおかみ》、菅原道真公《すがわらのみちざねこう》

ご利益

開運招福、商売繁盛、学業成就、縁結び

お祭り

4月15日　例大祭
5月5日　山開き祭
11月3日　紅葉祭

見事な紅葉で有名な妙義山。「紅葉祭」の頃から見頃となる

4 細部まで凝った彫刻群が彩る国重文の本社
5 輪王寺宮の隠居所の格式を伝える御殿下の石垣
6 妙義山のそびえ立つ岩峰。秋の紅葉が美しい
7 霊験あるとして崇敬される境内の3本の杉古木

極彩色の彫刻群が飾る国重文指定の総本社

妙義山信仰の中心として、当社が江戸期に繁栄した背後には、上野寛永寺《かんえいじ》で関東天台宗を統括した、代々皇室出身者が務める輪王寺宮《りんのうじのみや》の隠居所《いんきょじょ》となり、権威や格式が高まったことによる。

現在、本社とともに総門、唐門が国の重要文化財に指定されるが、これらは輪王寺宮の隠居所にふさわしくするため、江戸時代に建てられた建物である。

なかでも当時の建築の粋をつくした本社は、黒漆に金や極彩色の彫刻が施され、夢幻の趣をたたえる。荒涼とした岩山に立つ様は、まさに驚嘆に値する。

参拝後はのんびり散策といきたいが、妙義山は岩場だらけで遭難多発の山だ。中間道という歩道を歩くに留め、山には立ち入らないようにしよう。

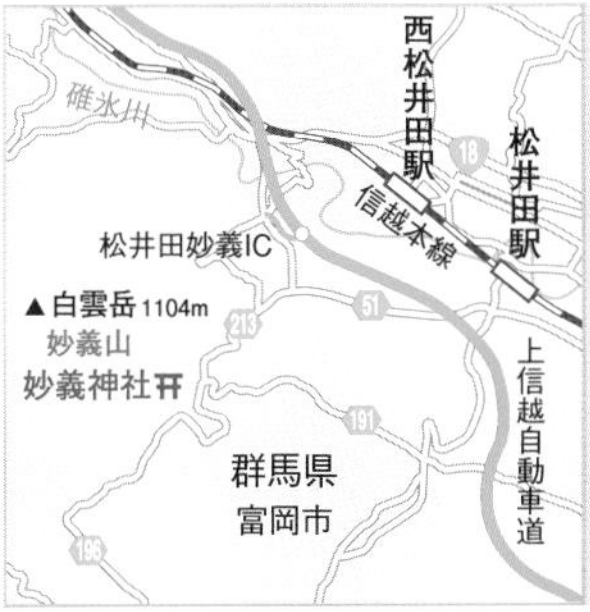

DATA

住所：群馬県富岡市妙義町妙義6　☎0274-73-2119
拝観時間：8：00～17：00
拝観料：無料（宝物殿200円）
交通：JR信越本線・松井田駅からタクシー約10分。JR磯部駅からタクシー約15分
車：上信越自動車道・松井田妙義ICから約5分。市営駐車場（250台）
http://www.myougi.jp/

群馬県
沼田市

迦葉山（かしょうざん）

龍華院《りゅうげいん》 弥勒寺《みろくじ》

深山にブッポウソウが鳴く天狗の霊場

曹洞宗の古刹にして「日本三代天狗」の一つ

沼田市街地の北にある迦葉山には、高尾山薬王院、鞍馬寺《くらまでら》と並ぶ天狗信仰で有名な弥勒寺がある。弥勒寺は、平安時代の創建を伝える天台宗の寺だったが、室町期の康正2年（1456）、南足柄の最乗寺から天巽禅師《てんそんぜんじ》がやってきて、曹洞宗に改宗した。

その際、天巽禅師の弟子である中峰尊者《ちゅうほうそんじゃ》が、神通力を発揮して伽藍《がらん》を建立したという。中峰尊者は昇天し天狗となり、当山の守護神として崇められた。

弥勒寺の天狗信仰は、この中峰尊者にちなむものである。

1 禅宗寺院の格式を伝える風格ある山門
2 顔丈5メートルを超える巨大な天狗面

●奉拝（日付）
中峰大薩埵
上州　迦葉山

御本尊
聖観世音菩薩《しょうかんぜおんぼさつ》

ご利益
家内安全、諸願成就、開運招福、交通安全

お祭り
5月8日　花まつり
8月3～5日　天狗みこし
10年に一度　大開帳

「和尚台」へ登るには「胎内くぐり」や鎖場を越えていく

3天狗である中峰尊者を祀る中峰堂の拝殿。本殿は斜面に沿って、上部に向かって建てられている
4伽藍の上部にそびえる和尚台。下部には胎内潜りの行場があり、修験時代の面影を今に伝える

中峰堂内部に祀られた日本一の巨大な天狗面

天巽が修行した最乗寺にも、道了尊という天狗の守護神が祀られる。当山の信仰は最乗寺の影響を受けたものだが、天狗信仰としては、弥勒寺のほうが広範囲に広まったようだ。

江戸時代には、関東各地に多数の講中が結成された。そして信仰は現在も受け継がれている。その天狗信仰の中心が中峰堂である。日本一という巨大な二つの天狗面が置かれ、たくさんの小型の天狗面も飾られる。祈願成就したときに、面を購入して奉納する風習があるからだ。

春にはブッポウソウが鳴く迦葉山の中腹には、和尚台《おしょうだい》がそりたつ。ここは修験の道場だった。頂上には鎖をたぐって登れるが、完全に岩登りで、かなりの覚悟が必要となるだろう。

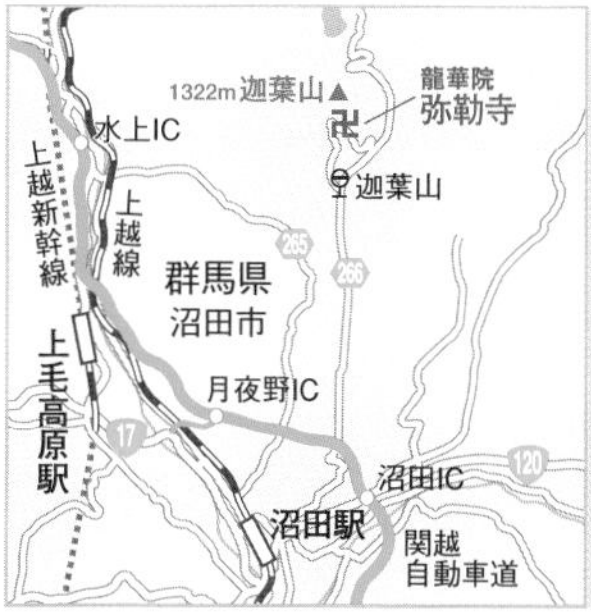

DATA

住所：群馬県沼田市上発知町445　☎0278-23-9500
拝観時間：6：00～17：00　**拝観料**：無料
交通：JR上越線・沼田駅から、バス約40分で迦葉山下車、そこから車道を徒歩約60分。もしくは上越新幹線・上毛高原駅から、タクシー約40分
車：関越自動車道・沼田ICから約20分、駐車場（100台）
●弥勒寺～和尚台へは、鎖場を通過する登山となる（歩行時間往復約2時間）
http://www.kasyouzan.jp/

新潟県
妙高市

関山神社《せきやまじんじゃ》

妙高山（みょうこうさん）

本社●新潟県妙高市関山
妙高山大神●妙高山山頂

神仏習合の古き信仰を内に秘めた名社

火祭り神事で知られる妙高山信仰の元拠点

妙高山の東麓《とうろく》にある関山神社は、うっそうとした森に包まれ、広大な神域の中に鎮まる。

7月中旬に開かれる「火祭り」の神事で知られ、当日にはたくさんの観光客がやってくる。

2組の柱松に火をつけ、どちらが先に火の手が上がるかで豊作を占うが、当日に催される、修験時代の面影が色濃い「仮山伏の棒使い」も人気だ。

当社はかつて栄えた妙高山信仰の担い手だった。上杉謙信や木曽義仲が崇敬を寄せ、越後に名声がとどろいた時代もある。

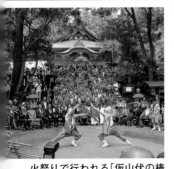

1 かつては阿弥陀の浄土とされた妙高山
2 社殿に延びる参道に立つ両部型の鳥居
3 いにしえの大繁栄を物語る広大な境内

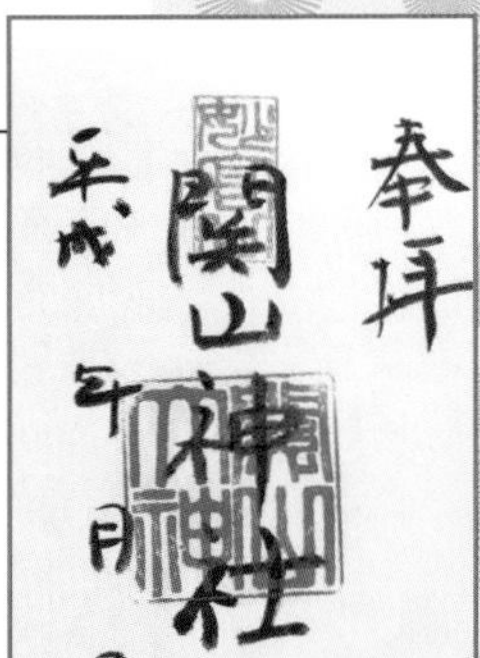

●奉拝
関山神社（日付）

主祭神
国常立尊《くにのとこたちのかみ》、伊弉冊尊《いざなみのみこと》、素盞鳴尊《すさのおのみこと》

ご利益
家内安全、五穀豊穣、除災招福

お祭り
7月中旬の2日間　火祭り
（仮山伏の棒使い、奉納相撲、神楽奉納、御輿の渡御等）

火祭りで行われる「仮山伏の棒使い」の演武

4 江戸時代に建てられた勇壮な拝殿　5 日本百名山の一峰、妙高山の頂　6 江戸期まではここ山頂に阿弥陀が祀られていたが今は妙高山大神を祀る　7 境内の覆堂にある、平安後期から鎌倉期の石仏

関山神社に伝えられた文化的価値の高い仏たち

関山神社には、国の重要文化財に指定される貴重な仏が、社宝として伝わっている。7世紀の作で、朝鮮半島から伝来した菩薩立像。神と仏を一体とする、神仏習合の名残だった。

妙高堂にも鎌倉期の阿弥陀三尊が安置され、明治以前には、妙高山の頂に安置されていた仏である。覆堂《ふくどう》にも多数の石仏があり、当社が神仏習合の妙高山信仰の里宮だったためだ。

江戸期まで神仏習合はごく普通の姿だったが、明治の廃仏毀《はいぶつき》釈《しゃく》でそれが否定された。古き信仰を大切に今に伝え、宗教史においても貴重な神社である。

妙高山の麓には燕や関、赤倉といった名湯が湧く。神の山がもたらす恩恵に、のんびりと浴するのもいいだろう。

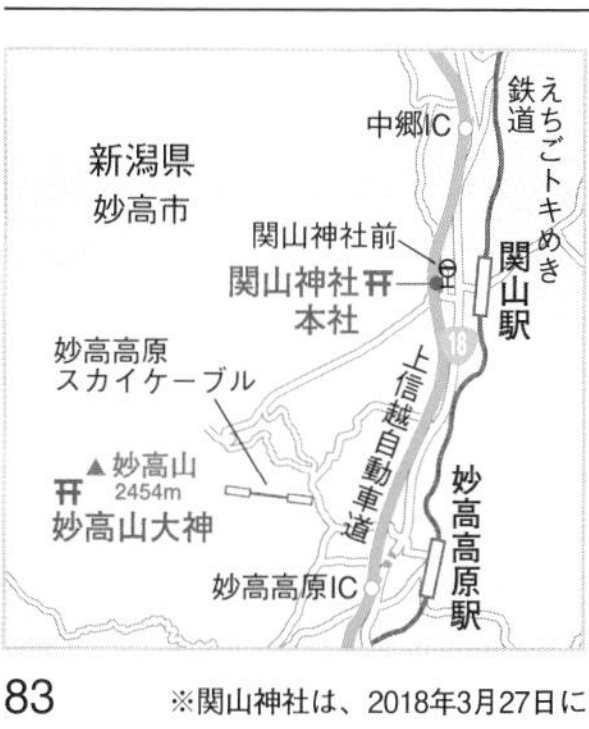

DATA

［本殿］住所：新潟県妙高市関山4804
問い合わせ：☎0255-86-3911（妙高高原観光案内所）
拝観時間：自由　拝観料：無料
交通：えちごトキめき鉄道・関山駅から、バス約3分で関山神社前下車すぐ
車：上信越自動車道・中郷ICから約10分、駐車場（大型4台、普通車30台）
［妙高山大神］所在地：妙高山の山頂
●妙高高原スカイケーブルで山頂駅に上がり（約11分）、そこから山頂まで本格的登山となり、鎖場もあるので注意（歩行時間往復約7時間）
http://www.myoko.tv/

※関山神社は、2018年3月27日に国の登録有形文化財に指定されました。

新潟県
南魚沼市

八海山尊神社《はっかいさんそんじんじゃ》

八海山（はっかいさん）

社務所● 南魚沼市大崎
里　宮● 八海山の麓

越後の霊峰八海山に捧げる深い崇敬

江戸時代中期に再興 大霊場として台頭する

八海山は新潟県魚沼にそびえる名山だ。多数の岩峰で構成され、古くから修験道の山として栄えてきたが、霊場としての名が越後を超えて広まったのは、江戸中期のことである。

木曽の御嶽山《おんたけさん》を開山した普寛《ふかん》と、地元大崎の行者泰賢《たいけん》が、寛政6年（1794）に八海山を再興。開山後、爆発的に信仰を集めた木曽御嶽山の弟格として、ここ八海山も脚光を浴びた。

その信仰は現在にも受け継がれ、夏山シーズンには、白装束姿での信仰登山が盛んだ。

1 神々しいほどの威容をたたえる八海山
2 柏手が響く龍鳴の階と呼ばれる大石段

●奉拝
八海山尊神社
平成二十五年五月一日

主祭神
国狭槌尊《くにのさつちのみこと》

ご利益
家内安全、商売繁盛、五穀豊穣

お祭り
4月20日　春季大祭
7月1日　御山開き
10月20日　火渡り祭

祈願しながら炭の上を素足で歩く「火渡り祭」。一般客も参加できる

※諸事情により一般参拝者の火渡りは中止することがあります

5

3

6

4

3豪雪地帯にあるため冬季には神社は閉じられる 4真冬の滝修行は夜間にも取り組まれる荒行だ 5一つの御影石から削り出した日本有数の大鳥居 6修行者たちは7日間にわたり寒中の滝行をする

有名な火渡りの荒行
寒中滝行を今も続ける

八海山尊神社は八海山を霊山と仰ぐ神社だ。泰賢行者が享和《きょうわ》3年（1803）に開いた。大崎からの登拝道の入口に立つ。泰賢はこの地で修行し、ゆかりの神社として、泰賢の命日の4月20日には護摩が焚かれる。

修験道を母体にするだけに、神事もその色彩が極めて強い。

毎年10月20日には火渡り祭が開かれるが、山伏のいでたちで講社の人たちが荒行に挑み、古式を今に伝えている。

1月末からの寒修行も、修験道時代から続く伝統だ。泰賢をしのび、無病息災を祈って不動滝で7日間の水垢離《みずごり》をする。

当社の参拝の後には、ロープウェイで八海山の中腹にいってみよう。信仰を集める八海山の霊気にふれられるはずだ。

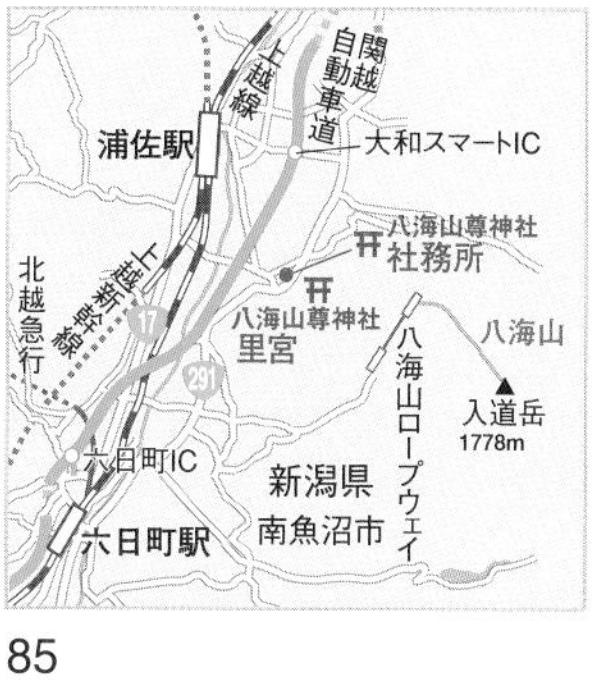

DATA

［社務所］住所：新潟県南魚沼市大崎4161　☎025-779-2010
［里宮］　住所：新潟県南魚沼市大崎3746　☎025-779-3080
（社務所より山中へ約1.5km）
拝観時間：自由　拝観料：無料
交通：JR上越新幹線・浦佐駅から、タクシー約15分
車：関越自動車道・大和スマートICから約10分、駐車場70台
●八海山に登るには、八海山ロープウェー約7分で山頂駅（4合目）へ上がり、そこから先は本格的な登山となる。鎖場の連続である八ツ峰（迂回路あり）〜入道岳山頂（歩行時間片道約5時間）は難関ルート
http://hakkaisan-sonjinja.jp

新潟県
弥彦村

彌彦神社《やひこじんじゃ》

弥彦山（やひこやま）

本社●新潟県弥彦村
御神廟（奥宮）●弥彦山山頂

万葉集にも詠まれた越後国一宮の風格

「おやひこ様」と呼ばれ庶民からも親しまれる

新潟平野の西にそびえる弥彦山は、古くから信仰されてきた神の山だ。『万葉集』には神威を称えた歌も載る。その弥彦山の山麓に鎮座するのが彌彦神社である。

平安時代の神社録延喜式神《えんぎしきじん》名帳《みょうちょう》には「名神大」と記され、越後国の一宮として、幅広い信仰を集めてきた。江戸時代には各地に講が結成され、国を超える多数の参拝者が押し寄せて、門前町も大いに栄えた。

御祭神の天香山命《あめのかごやまのみこと》は越後国の開拓神だが、武神としての神

1 平野を望む標高634メートルの弥彦山
2 樹木が繁る境内の入口に立つ一の鳥居
3 春の参道をたくさんの桜が美しく彩る

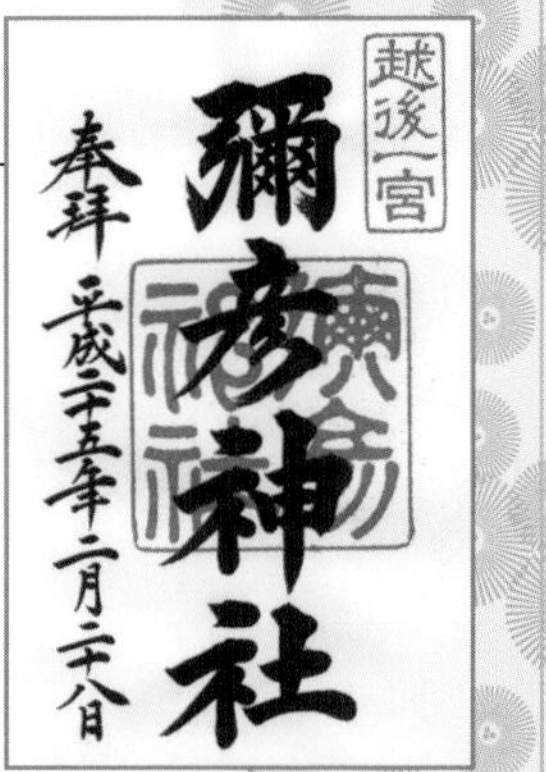

●越後一宮
彌彦神社
奉拝　平成二十五年二月二十八日

御祭神
天香山命《あめのかごやまのみこと》

ご利益
商売繁盛、五穀豊穣、家内安全など

お祭り
2月2日　例祭
4月18日　妻戸大神例祭
7月25日　燈籠神事

4月18日の妻戸大神例祭に奉奏される「弓の舞（大々神楽）」

4 弥彦山の前に立つ拝殿。背後に幣殿、本殿がある
5 御手洗川に架かる、神様だけがわたれる玉の橋
6 山頂の御神廟。春と秋には神廟祭が行われる
7 11月には菊まつりが開かれて、境内もにぎわう

格も併せもつため、武将たちからの崇敬はとりわけ篤かった。

国重文の志田大太刀のほか、源義家や義経、上杉謙信の奉納品を社宝として伝えているのも、そんな理由からだ。

主祭神の御霊廟《ごしんびょう》を祀る見晴らしすぐれた山頂

鳥居をくぐって古樹が生い繁る境内に入ると、その広さに圧倒される。境内は4万坪で、さすが越後国一宮である。

弥彦山を背にして立つ社殿は、まさに「神さびる」という表現にふさわしい古社の趣。なお正式な拝礼の作法は、「2礼4拍手1礼」とやや特殊だ。

境内には鹿が遊ぶ鹿苑や、天然記念物の日本鶏を飼う鶏舎もある。

山頂にある御神廟へはロープウェイが便利だ。徒歩なら1時間半の山道をたどることになる。

DATA

［本社］
住所：新潟県西蒲原郡弥彦村弥彦2887-2　☎0256-94-2001
拝観時間：境内自由　拝観料：無料（宝物殿300円／月曜、1・2月は休館）
交通：JR弥彦線・弥彦駅から、徒歩約15分
車：北陸自動車道・三条燕ICから約25分、駐車場（1,000台）
［御神廟］
所在地：弥彦山の山頂
●弥彦山ロープウェイ約5分で山頂駅まで上がり、徒歩約10分。もしくは表参道登山口から山頂まで登山となる（歩行時間片道約1時間30分）。弥彦山スカイラインを通り車でも山頂駐車場まで行ける。駐車場（150台）
https://www.yahiko-jinjya.or.jp/

長野県
安曇野市

有明山神社《ありあけやまじんじゃ》

有明山（ありあけやま）

里宮●長野県安曇野市穂高有明
奥社●有明山の中岳と南岳山頂

信濃富士と呼ばれる秀峰を神と仰ぐ

背後に連なる北アルプスの山々も、引き立て役にすぎない。

この有明山を、神の山として崇敬するのが有明山神社だ。

神話の天岩戸《あまのいわと》伝説で、手力雄《たぢからお》命《みこと》が投げ飛ばした岩戸が有明山だという伝承にもとづき、山頂の中岳奥社に手力雄命を祀る。

山麓には遥拝所として里宮が立つが、社殿を通して有明山を拝する仕組みで、山岳信仰の神社らしい社殿の向け方だ。

神体山を背にして立つ安曇野の著名な神社

安曇野から見上げる有明山は美しい。山容が富士山に似ているため信濃富士の異名をもつ。

1 標高2268メートルの秀麗な有明山
2 里宮の表参道入口に構える石の鳥居

●奉拝 信州安曇野 有明山神社（日付）

主祭神

中岳奥社●手力雄命《たぢからおのみこと》、八意思兼命《やごころおもいかねのみこと》、大己貴命《おおなむちのみこと》

南岳奥社●天照大神《あまてらすおおみかみ》、天鈿女命《あめのうずめのみこと》、事代主命《ことしろぬしのみこと》

ご利益

身体健康、学問成就、出世開運

お祭り

4月27～29日 例大祭
7月中旬 奥社祭

毎年夏、有明山山頂で奥社祭（登拝）が行われる

3日本画の大家が描いた神楽殿にある格天井絵 4格式ある裕明門を飾る美術的に優れた彫刻群 5いつも参拝客でにぎわう里宮の拝殿 6吾・唯・足・知を表した、境内にある開運招福の石碑

長野県

美術的に評価の高い 裕明門や神楽殿の意匠

有明山は中世には栄えた修験霊山だったようだが、史料が失われたため、現在地に里宮の社殿が建てられた、明治21年以前の歴史は判然としない。

とはいえ、由緒ある当社だけに社殿は立派だ。ことに神門である裕明門《ゆうめいもん》は、日光東照宮を模し、中国二十四孝や十二支などの彫刻がびっしりと施されている。近くに寄って眺めれば、ため息も出るだろう。

神楽殿の天井画も素晴らしく、日本画の大家橋本《はしもと》雅邦《がほう》ほか、51人が筆を執ったものだった。

奥社のある山頂へは、黒川沢から表参道が設けられている。石仏や祠が点在し、修行場だった滝もあり、古き信仰を今に伝えるが、鎖場や梯子が連続し、登山経験者向きの難路だ。

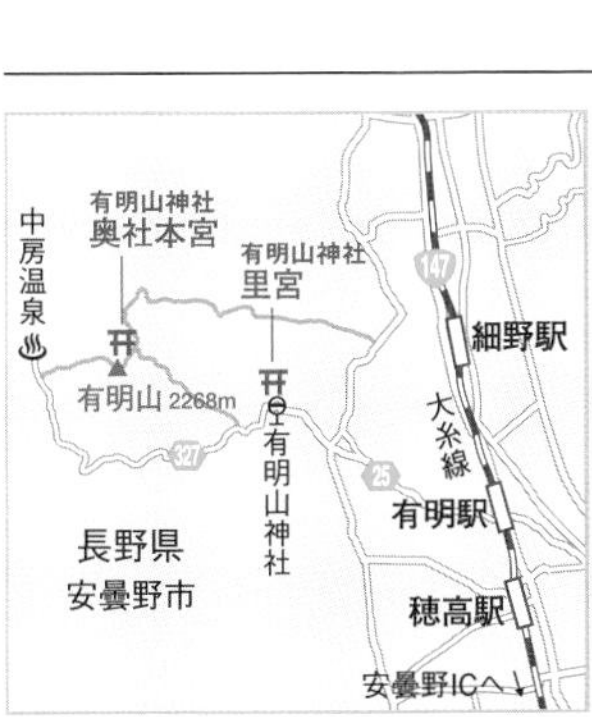

DATA

［里宮］

住所：長野県安曇野市穂高有明7271-1　☎0263-83-3764

拝観時間：自由　拝観料：無料

交通：JR大糸線・穂高駅、もしくは有明駅からタクシー約20分

車：長野自動車道・安曇野ICから約30分、駐車場（60台）

［奥社］

所在地：有明山の山頂（中岳・南岳）

●黒川沢側からの表参道コース、中房温泉側からの裏参道コースがあり、どちらも急登や鎖場がある本格的な登山となる（歩行時間往復約10時間）

長野県
王滝村

御嶽神社《おんたけじんじゃ》

御嶽山（おんたけさん）

里　宮●王滝口一合目
遥拝所●王滝口七合目
奥　社●王滝口頂上

木曽の山里に鎮座する御嶽信仰の拠点

長野、岐阜の県境にそびえる標高3067メートルの御嶽山

巨大な岩壁に抱かれた神威満ちる里宮の社殿

御嶽山は現在でも信仰の篤い山だ。夏には多数の御嶽信者が白装束姿で頂を目指す。ここ御嶽神社里宮は、王滝口登山ルートの一合目に位置し、御嶽山信仰では重要な祭祀場である。

里宮の拝殿までは、樹林の中に延びる長い石段をたどる。拝殿は覆いかぶさるような立巌《たていわ》の急峻な岩壁を背にし、畏敬の念で背筋を正したくなるだろう。

さて平成26年の御嶽山噴火だが、里宮は山頂から遠く、被害を受けることは一切なかった。

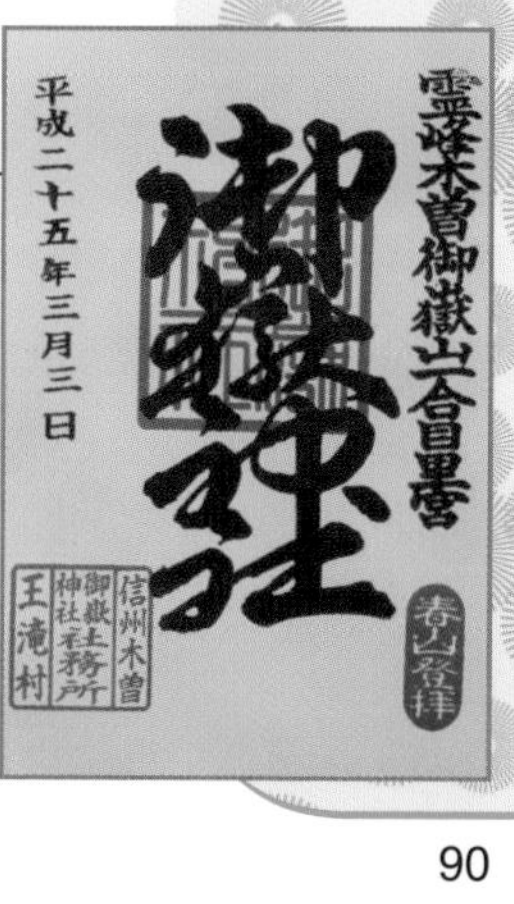

●霊峰木曽御嶽山一合目里宮
御嶽神社
平成二十五年三月三日

主祭神
国常立尊《くにのとこたちのみこと》、大己貴命《おおなむちのみこと》、少彦名命《すくなひこなのみこと》

ご利益
耕作豊穣、子宝・縁結び、病気平癒

お祭り
7月1日　開山祭
7月27～28日　例大祭
10月第3土・日曜
霊神社合祀慰霊大祭

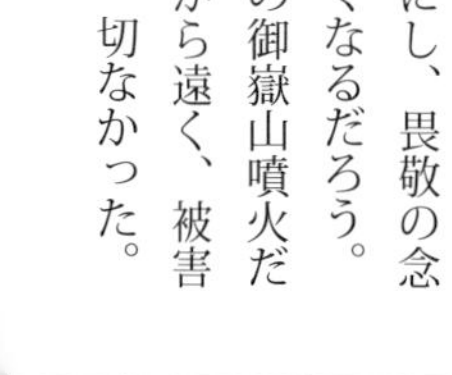
御嶽山信者が登拝の前に滝行する、王滝口三合目にある清滝

1 御嶽山の麓に鎮まる里宮。この鳥居を越え長い石段を上っていくと拝殿につく 2 最上部にある御嶽神社里宮の拝殿。本殿は背後の立巌の岩窟内に祀られている 3 7月下旬に開催される里宮の例大祭。神輿渡御に加え神楽や剣舞も奉納される

DATA

[里宮] 住所:長野県木曽郡王滝村3315　☎0264-48-2637(別殿)　☎0264-48-2660(里宮社務所) 拝観時間:8:30～17:00　拝観料:無料
交通:JR中央本線・木曽福島駅から約50分で里宮前下車すぐ。または王滝下車、石段を上り徒歩約10分　車:中央自動車道・伊那ICから約1時間、中津川ICから約1時間50分。駐車場25台
[遥拝所] 所在地:王滝口七合目(田の原)　☎0264-48-2694(夏季のみ) 交通・バス:木曽福島駅から約1時間20分(夏季のみ、土日祝運行)　車:木曽福島駅から約1時間(田の原に駐車場あり、約400台)。田の原～遥拝所は徒歩約10分
[奥社] 所在地:王滝口頂上　●田の原～王滝口頂上は本格的登山(徒歩約3時間30分)
http://www.ontakejinja.jp

噴火の惨禍を乗り越え再び信仰の山へ

1 遥拝所に祀られる国常立尊、大己貴命、少彦名命の三神。シーズン中には遥拝所で御朱印がもらえる
2 王滝口ルートの七合目に立つ田の原の石鳥居。ここから本格的な登山が始まる
3 七合目の石鳥居から進むと田の原大黒天の社が見えてくる

二人の行者の開山で国内有数の霊山に成長

御嶽山の信仰の歴史は古く、すでに平安時代には山岳霊場として知られていた。だが、庶民が登れるようになるのは江戸時代の中期からだ。覚明《かくめい》と普寛《ふかん》という二人の行者の功績による。

まず覚明が黒沢口道を、続いて普寛が王滝口道を開いた。二人の開山は修験者に限定されていた登拝制度を打破、一般に門戸を開く画期的なものだった。

それを契機に、庶民による講が江戸や尾張で結成された。講は瞬く間に増加。日本中に拡大し、御嶽山は国内有数の大霊山へと発展していったのである。

明治に入り多くの霊山が衰退したが、御嶽信仰は揺るがなかった。今でも信者数は膨大で、白装束で登る姿に、信仰への真摯な思いがにじみ出ている。

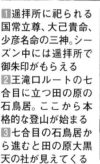

奥宮

御嶽山

御嶽神社

御嶽山頂を間近に望む七合目にある遥拝所

王滝口は七合目の田の原まで車やバス（夏季）が利用できるとあって人気が高い。田の原には神像が並ぶ遥拝所や大江権現、金剛童子を祀る施設がある。

田の原まででも御嶽山の魅力は堪能できるが、体力に自信のある人は、もう少し先まで足を延ばすのもいい。ただし高峰だけに、慎重な行動が求められる。

噴火も沈静化し、登山者ももどってきた。登山規制はなく、王滝口、黒沢口ともに入山可能となっている。

4 遥拝所の先にある大江権現。道もここから勾配が急になる。田の原から上は登山届が必要だ
5 八合目の直下にある金剛童子の社。大江権現からは約700メートル。頂上も間近に見える
6 王滝口頂上の御嶽神社奥社

長野県
飯山市

小菅神社《こすげじんじゃ》

小菅山（こすげやま）

里宮●飯山市瑞穂小菅
奥社●小菅山中

美しい山里に訪ねる古き信仰の面影

移ろう時の流れの中で失われた修験の信仰

飯山市郊外の山里にある小菅神社は、中世には北信濃有数の修験霊場だった。主尊として崇めた平安期の馬頭観音も残り、その歴史は古代にまで遡る。戦国時代になっても勢いは衰えず、上杉謙信も篤く庇護した。

最盛期には、現在の集落の場所に48坊が立ち並んでいたが、いつしか地元以外には忘れられた信仰になっていった。

集落の入口に立つ仁王門や、大聖院の跡地にある石垣や庭園などが、かつての繁栄を静かに語りかけてくる。

1 奥社への参道入口となる鳥居
2 小菅集落の入口に立つみごとな仁王門
3 大聖院跡地にある江戸期に再建された護摩堂

●奉拝 小菅山里宮
小菅神社
令和三年 月 日

主祭神

八所権現《はっしょごんげん》（素盞雄尊《すさのおのみこと》、伊弉冉尊《いざなみのみこと》、広國押武金日尊《ひろくにおしたけかなのみこと》、菊理媛命《きくりひめのみこと》、大国魂命《おおくにたまのみこと》、大己貴命《おおなむちのみこと》、瓊々杵尊《ににぎのみこと》、手力男命《たぢからおのみこと》）

ご利益

縁結び、天下泰平、五穀豊穣

お祭り

7月中旬（3年に一度）
小菅神社式年大祭

祭事の神事などを行う護摩堂を支える、梅鉢積みの「大聖院石垣」

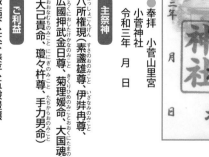

4 参道の途中にそびえる愛染岩。神の依り代(よりしろ)として信仰された 5 弘法大師が休んだという御座石 6 うっそうとした森に包まれ、山上にある奥社 7 奥社の内部。甘露池は扉を閉ざして秘められる

山中にひっそりと立つ 国の重要文化財の奥社

小菅集落の上にある鳥居をくぐると、杉並木を縫って奥社への参道が一直線に延びる。

道の両側に点在する岩も、神が宿る磐座《いわくら》として、修験者たちの祈りを受け止めてきた。

賽の河原の先には、高さ20メートルの愛染岩がそそり立つ。下に祠が置かれ、小菅信仰では重要な祭祀場だった。

1時間ほど歩くと、林間に奥社が顔を見せる。社殿は室町期の造営で、国の重要文化財だ。

社殿内部には水をたたえた甘《かん》露池《ろいけ》がご神体として祀られ、小菅信仰の原点は、山上で豊かに湧く、この水への崇敬だった。

巨岩への畏怖と水に対する感謝。日本人の古き信仰が、美しい山里には息づいている。それを感じに小菅を訪ねてみよう。

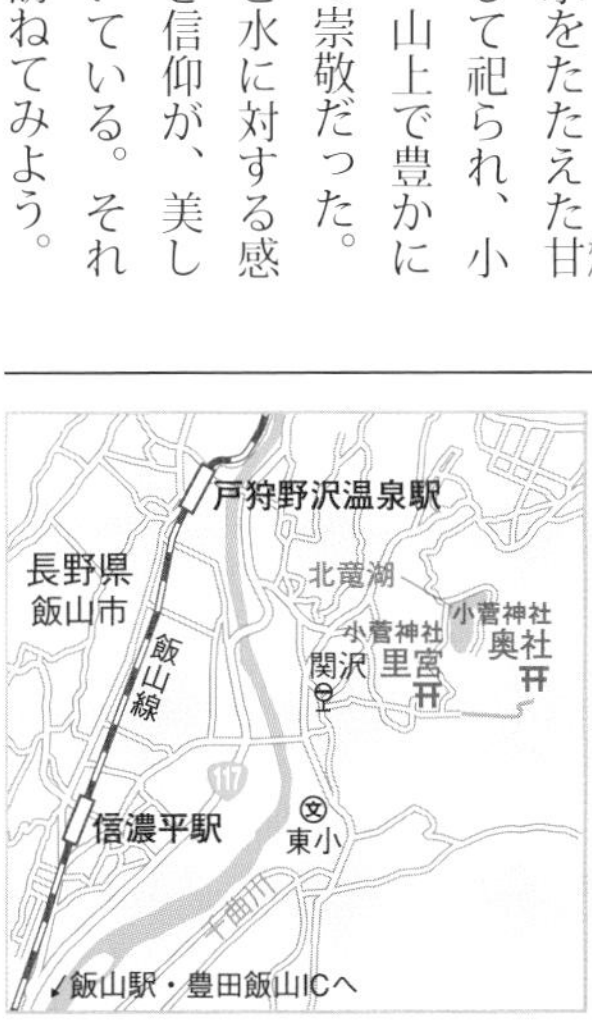

DATA

［里宮］住所：長野県飯山市大字瑞穂6043
問い合わせ：☎0269-65-3542
拝観時間：境内自由　拝観料：無料
交通：JR北陸新幹線／飯山線・飯山駅から、バス約20分で関沢下車、徒歩約15分。もしくはJR飯山線・戸狩野沢温泉駅から、タクシー約10分
車：上信越自動車道・豊田飯山ICから約30分、駐車場（5台）
［奥社］所在地：小菅山中（標高900m付近）
●小菅神社参道入口から石段を上がり、やがて山道となる（歩行時間約1時間）。さらに小菅山を経て北竜湖へつながるルートもあり
http://kosugejinja.jp

守屋山（もりやさん）

諏訪大社上社前宮《すわたいしゃかみしゃまえみや》

神の山に抱かれた古き祈りの原風景

静寂をたたえて鎮まる諏訪信仰の発祥の地

御柱祭《おんばしらさい》で有名な諏訪大社は、全国の1万社を超える諏訪神社の総本社。日本でもっとも古い神社の一つとされ、古事記の国譲り神話に記載される建御名方《たけみなかた》神《のかみ》と、その妃神八坂刀売神《やさかとめのかみ》を祀る。ここ前宮は諏訪大社を構成する4社の内の1社で、上社本宮神体山の北東山麓に鎮座する。

諏訪信仰の始まりは前宮だったとされ、宗教史でも重要な地位を占める。

他の3社が参拝者でにぎわうのに比べ、俗世を離れた静けさを満喫できるのが当社の魅力だ。

1 守屋山の山懐に鎮座、木々に包まれた前宮の本殿　2 鳥居をくぐった左手が十間廊。御頭祭等の神事が執り行われる

●信濃国一之宮
諏訪大社
上社前宮
平成二十五年四月一日

主祭神
建御名方神《たけみなかたのかみ》、八坂刀売神《やさかとめのかみ》

ご利益
五穀豊穣、必勝祈願

お祭り
4月15日　御頭祭（おんとうさい）
4～6月　式年造営御柱大祭
（4月山出し、5月里曳き、7年目毎）

7年に一度行われる勇壮な御柱祭

3 前宮の質素な本殿。透かし塀が背後の神域を囲む
4 境内を流れる清らかな水眼の流れ
5 前宮に立つ古樹

古き信仰の姿を伝える 清々しき祈りの聖地

鳥居をくぐって進むと、十間《じっけん》廊《ろう》や内御玉殿《うちみたまでん》が立ち並ぶ一角に出る。中世まで、諏訪の政治と祭祀の中心だった場所だ。

ここから参道を100メートルほど上ると、神の森の木立に包まれた、前宮が見えてくる。

守屋山から延びる緩やかな尾根を背に社殿が立ち、諏訪神社の主祭神、諏訪大明神が最初に鎮座した地だと伝えられる。

拝殿の前には水眼《すいが》のせせらぎが流れ、目を東方に転じれば、八ヶ岳の連なりが広がる。心洗われる景観だ。神に自然の恵みを感謝するには打ってつけの場所である。このような場所で、日本人は祈りを捧げてきた。

ここには信仰の原風景が残っている。それを味わいたいのなら、ぜひ前宮を訪れよう。

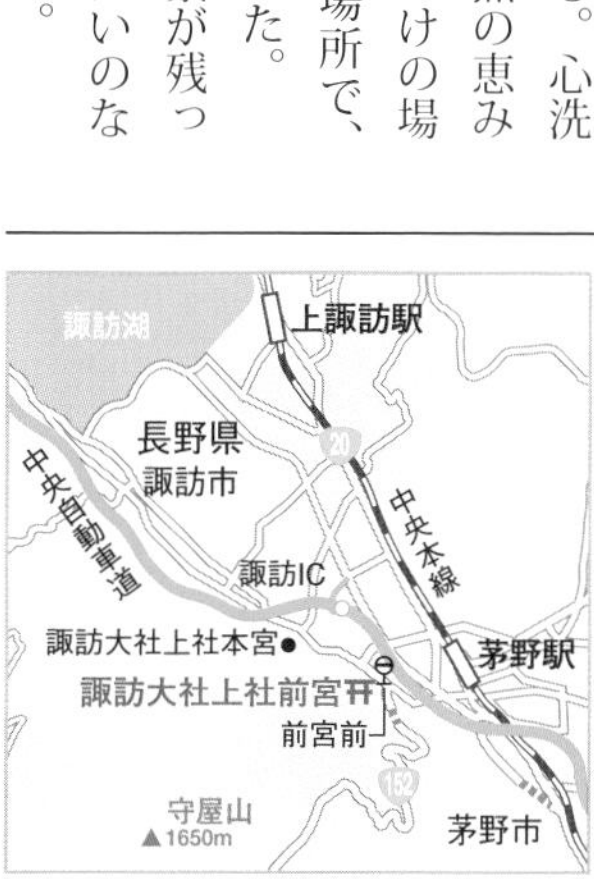

DATA

住所：長野県茅野市宮川2030　☎0266-72-1606
拝観時間：自由　拝観料：無料
交通：JR中央本線・茅野駅から、バスで約8分で前宮前下車。もしくはタクシー約5分、徒歩約20分
車：中央自動車道・諏訪ICから約10分、駐車場（20台）
●ここから上社本宮（諏訪市中洲宮山1）へはタクシー約5分、徒歩約20分。下社春宮・秋宮へは、かりんちゃんバスかタクシーでJR茅野駅、JR上諏訪駅へ。電車に乗りJR下諏訪駅下車、徒歩10〜25分
http://suwataisha.or.jp

長野県 長野市

戸隠山（とがくしやま）

戸隠神社《とがくしじんじゃ》

奥社・九頭龍社●長野市戸隠奥社
中　社●長野市戸隠3506
宝光社●長野市戸隠宝光社
火之御子社●長野市戸隠

山内三千坊を誇った日本有数の大霊場

江戸時代に隆盛迎え 各地から参詣客が来訪

宿坊で出される戸隠そばで有名な戸隠神社は、奥社《おくしゃ》、中社《ちゅうしゃ》、宝光社《ほうこうしゃ》、九頭龍社《くずりゅうしゃ》、火之御子《ひのみこ》社《しゃ》の五社からなる古社だ。

平安後期には、著名な山岳大霊場として『梁塵秘抄《りょうじんひしょう》』にもその名が挙げられ、鎌倉時代には3000坊が立つという、「山内三千坊」と形容された。こう尊称されたのは、比叡山と高野山、そして当山だけである。

戦国時代には一時衰退したが、江戸時代になると隆盛を迎えた。戸隠山から派遣された御師《おし》たちが全国をまわり、参詣者を集め

1 中腹にある鏡池に映える戸隠山の岩肌
2 天然記念物の三本杉がある中社の社殿
3 天岩戸神話で活躍する天鈿女命（あめのうずめのみこと）を祀る火之御子社

●奉拝
戸隠神社
（日付）

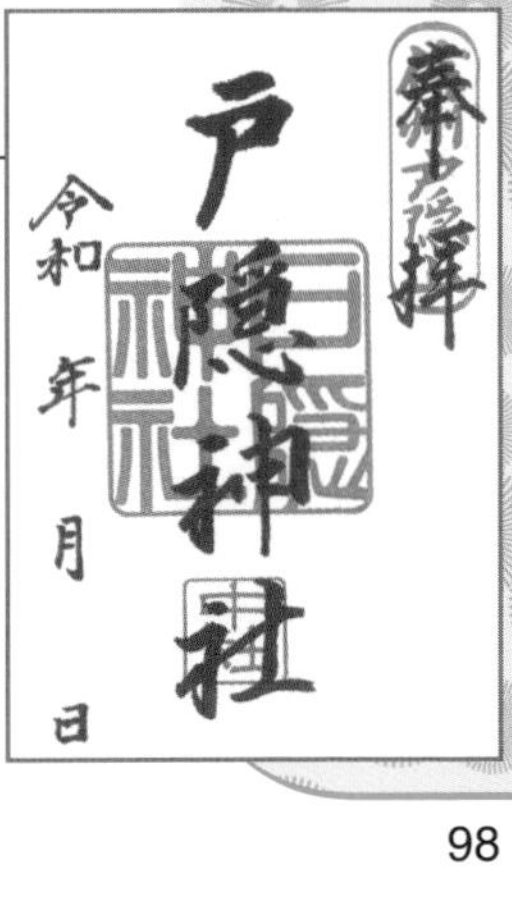

主祭神

奥社●天手力雄命《あめのたぢからおのみこと》
中社●天八意思兼命《あめのやごころおもいかねのみこと》
宝光社●天表春命《あめのうわはるのみこと》
九頭龍社●九頭龍大神《くずりゅうのおおかみ》
火之御子社●天鈿女命《あめのうずめのみこと》

ご利益

心願成就、学業成就、子宝安産、開運、厄除け、縁結び、スポーツ必勝

お祭り

4～10月の月並祭、例祭にて太々神楽（だいだいかぐら）献奏
7年に一度　式年大祭

4奥社参道の中ほどにある、茅葺屋根の随神門　5参道入口にある鳥居。ここから奥社へは2キロ　6天岩戸神話にちなむ天手力雄命（あめのたぢからおのみこと）を祀る奥社社殿　7奥社と九頭龍社の背後には戸隠山の岩肌が迫る

てくる。門前町が発達し、多くの宿坊が立ち並んだ。

　現在でも30を超える宿坊がこの地に存続し、戸隠に寄せられた崇敬《すうけい》を今に伝えている。

広大な神域に社が点在
御本社の奥社は最上部

　山麓から見上げる戸隠山は、さながら龍の背のような山容を天に広げる。9つの頭をもつという龍の伝説が残るのも、この荒々しい姿ゆえだろう。

　宝光社や中社へは車でもいけるが、奥社と九頭龍社は奥社大鳥居から2キロの参道を歩かなくてはならない。随神門《ずいしんもん》が立つあたりが中間点で、ここから参道もやや傾斜を増してくる。

　奥社の背後には戸隠山の岩壁が立ちふさがり、境内には霊気が満ちる。参拝して霊力をいただいた後は、ぜひ戸隠名物のそばを宿坊で味わってみよう。

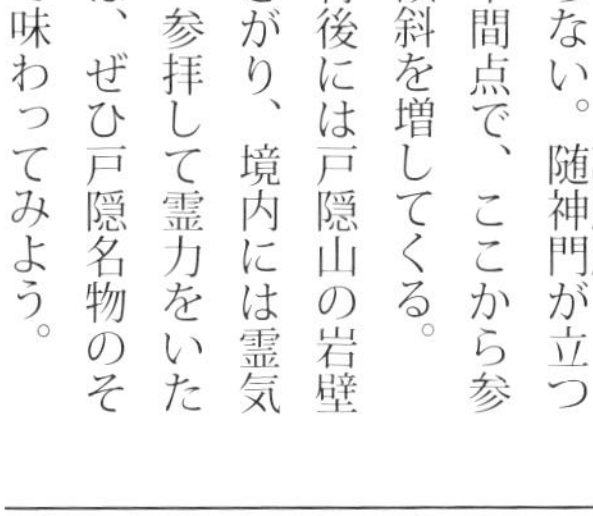

DATA

［中社］住所：長野県長野市戸隠3506　☎026-254-2001
拝観時間：境内自由　拝観料：無料（宝物館300円）
交通：JR北陸新幹線／信越本線／長野電鉄・長野駅から、バス約1時間で戸隠中社下車（宝光社へは戸隠宝光社下車、火之御子社へは戸隠営業所下車）　車：上信越自動車道・信濃町ICから約30分、長野ICから約1時間、駐車場（100台）
［奥社・九頭龍社］所在地：戸隠山の中腹　●冬期閉山
●奥社・九頭龍社へは、バスで奥社入口下車。参道入口～随神門～奥社と徒歩で登っていく（歩行時間片道約40分）。参道入口の車道沿いに駐車場（300台）　http://www.togakushi-jinja.jp/

長野県
松本市

奥穂高岳（おくほたかだけ）

穂高神社《ほたかじんじゃ》

本宮●長野県安曇野市穂高
奥宮●長野県松本市安曇上高地
嶺宮●奥穂高岳山頂

明神岳の岩肌を映す清く澄んだ神の池

誉れ高き名峰・穂高岳の名の由来となった神社

上高地のシンボル、河童橋《かっぱばし》から梓川《あずさがわ》にそって上流に1時間ほど歩くと、明神岳の麓に穂高神社の奥宮が鎮座する。

ここは安曇野《あづみの》にある本宮の奥宮で、本宮と同様、祭神は穂高《ほたか》見命《みのみこと》だ。穂高岳の名称は、この神にちなむものだった。

奥宮の祠は、神の池である明神池のほとりにひっそりと立つ。

静寂に包まれた明神池は、背後の明神岳の荒々しい岩肌を水面に映し、幽玄の趣さえ漂わせる。これほど神が鎮まるのにふさわしい環境はないだろう。

1

2

3

1 高くそびえる明神岳の麓にある明神池
2 安曇野市に鎮座する穂高神社の本宮
3 本宮境内に立つ樹齢500年の孝養杉

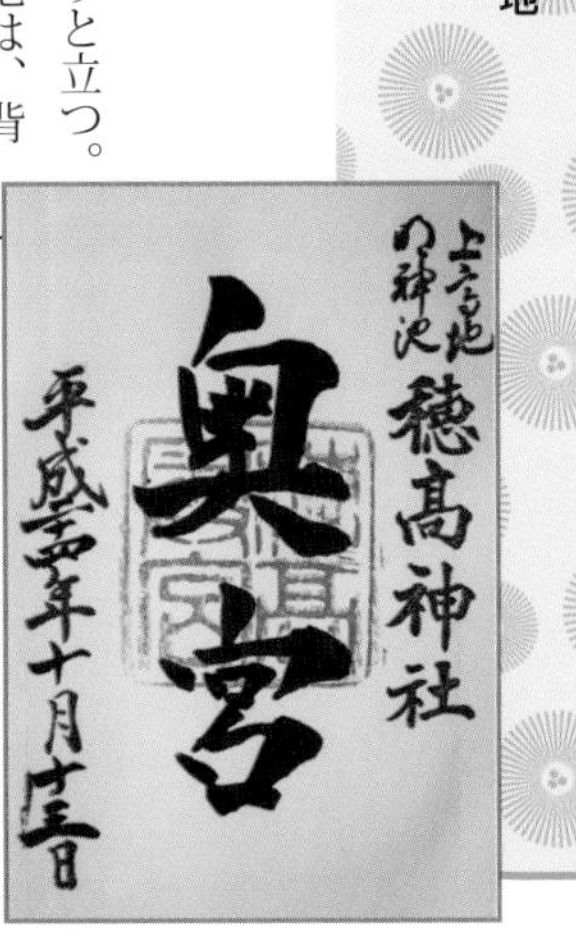

●上高地明神池 穂高神社
奥宮
平成二十四年十月十三日

主祭神
奥宮●穂高見命《ほたかみのみこと》

ご利益
海陸交通守護、福徳開運

お祭り
9月27日 本宮例祭
10月8日 奥宮例祭

上高地明神池で厳かに行われる、奥宮例祭の「御船神事（おふねしんじ）」

4 上高地の明神に鎮まる奥宮の社　5 奥宮の簡素な鳥居。この先には嘉門次小屋もある　6 奥穂高岳の頂にある嶺宮の祠　7 奥宮の参道入口に立つ社号標。背後に穂高連峰の一峰明神岳がそびえる

海の神が山で祀られる穂高神社のミステリー

古事記は穂高見命を海神と記す。それが上高地で祀られ、山名にもなっている不思議。本宮のある安曇野も海とは無縁だ。

この神は北九州を発祥とし、海洋氏族安曇族の祖神だと伝えられる。安曇族は謎に包まれた古代豪族だ。弥生時代に稲作を日本全国に広め、その一部が信州に定住し、建てたのが穂高神社で、安曇野の地名も氏族名からきていると伝わる。

各地に渥美、厚見、安積の地名が残るが、これらも安曇族の分流が土着した証だと語られる。

史実かどうかは別にして、安曇族にまつわる古代史ロマンが、穂高神社のもう一つの魅力だ。

なお穂高神社は、日本第3位の高峰、奥穂高岳の山頂にも嶺宮をもっている。

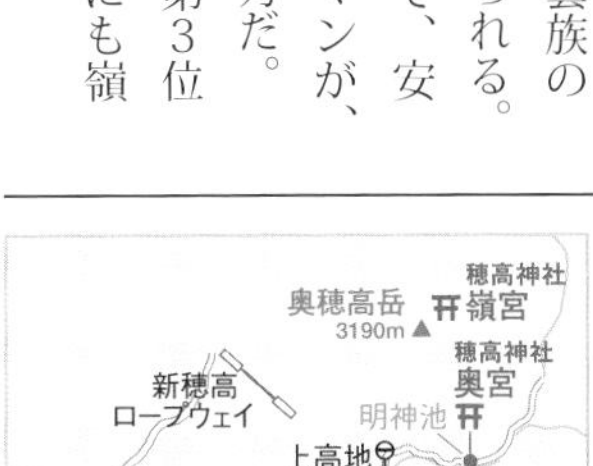

DATA

［奥宮］住所：長野県松本市安曇上高地　☎0263-95-2430
拝観時間：6：00～日没（4月27日～11月15日、冬期閉鎖）
拝観料：500円　交通：松本電鉄上高地線・新島々駅から、バス約1時間で上高地バスターミナル下車。もしくはJR北陸新幹線・長野駅から、直通バス約2時間45分で上高地。上高地河童橋より徒歩約45分
車：上高地へはマイカー規制あり。中央自動車道・松本ICから約1時間の沢渡駐車場へ
［嶺宮］所在地：奥穂高岳の山頂（3190m）
●上高地～涸沢～奥穂高山荘～奥穂高岳は、ハシゴや鎖場がある難関ルート（歩行時間片道約9時間30分）●本宮はJR大糸線・穂高駅から徒歩約3分。長野自動車道・安曇野ICから約10分（駐車場あり）　http://www.hotakajinja.com/

長野県
長野市

皆神神社《みなかみじんじゃ》

皆神山（みなかみやま）

信州に君臨した修験信仰の大霊山

修験時代の面影を残す 山上に鎮まる神社群

皆神山は川中島平にそびえる独立峰で、台形の山容がひときわ目を引く。太古に噴火した溶岩ドームが山体をなし、1965年から6年続いた松代群発地震の震源地として知られる。

その頂上部にあるのが皆神神社だ。境内に鎮座する熊野《くまの》出速《いづはや》雄《お》神社《じんじゃ》、侍従神社《じじゅうじんじゃ》、富士浅間神社ほかの総称で、皆神神社という神社があるわけではない。

熊野の名を冠する神社があるように、中世以降、信州に君臨する修験の霊山として栄えた。神仏習合を物語る、室町時代

1 川中島平にそそり立つ標高659メートルの皆神山　2 境内の入口にある石鳥居
3 皆神山の額を掲げた格式伝える随神門

●奉拝
皆神山
平成二十五年三月十三日

主祭神
出速男命《いずはやおのみこと》、伊邪那岐命《いざなぎのみこと》、伊邪那美命《いざなみのみこと》、速玉男命《はやたまおのみこと》、豫母都事解男命《よもつことさかのおのみこと》

ご利益
天下泰平、五穀豊穣、無病息災

お祭り
10月スポーツの日　例祭（秋祭り）

秋祭りは幼児の健康祈願の土俵入りで笑い声があふれる

4境内の中央に鎮まる熊野出速雄神社　5参道の脇にある池はクロサンショウウオの産卵池として有名　6境内の奥まった場所にある富士浅間神社　7美しい紅葉に包まれた宗像三女神を祀る弁天社

の大日如来や阿弥陀如来、弥勒《みろく》菩薩像《ぼさつぞう》も伝わり、同じく室町期に建てられた熊野出速雄神社の社殿は、中世修験道場の遺構として文化的価値も高い。

長野県宝に指定される熊野出速雄神社の社殿

神門をくぐり、正面に見えてくるのが侍従神社だ。室町期に皆神山修験を大成させた、内山満顕（侍従天狗）を祀っている。

参拝客の中には、ここでお参りして帰る人もいるが、皆神神社の本社格である熊野出速雄神社は、その背後に立っている。

熊野出速雄神社の社殿は、古式を今に伝え、威厳さえ漂わせる。なお当社の名にある「出速雄《たけ》」とは、諏訪大社の主祭神、建御名方《みなかた》の御子神《みこがみ》である。

皆神山の中腹には、岩戸神社として祀られる南大平古墳もあり、参拝の後に立ち寄りたい。

DATA

住所：長野県長野市松代町豊栄5464-2　☎026-278-3703
拝観時間：境内自由　拝観料：無料
交通：JR北陸新幹線／信越本線・長野駅から、バス約40分で松代高校前下車。皆神神社ピラミッド参道入口～皆神山の山頂付近の随神門まで車道を徒歩約1時間。大日堂～随神門付近までの登山道もある（歩行時間約1時間10分）
車：上信越自動車道・長野ICから約30分、ピラミッド参道を車で上がれる。駐車場（100台）
http://www.minakami-jinja.jp

山梨県
北杜市

甲斐駒ヶ岳（かいこまがたけ）

甲斐駒ヶ嶽神社《かいこまがたけじんじゃ》

前宮●山梨県北杜市白州町
本宮●甲斐駒ヶ岳山頂

山麓の前宮から霊峰駒ヶ岳を崇《あが》める

江戸後期に開山された南アルプス北部の名峰

中央本線で甲府から諏訪方面に向かうとき、西の車窓に天を突く威容を見せるのが、標高2967メートルの甲斐駒ヶ岳だ。名山中の名山として、この山をこよなく愛する岳人は多い。

周囲を険しい岩壁に囲まれているため、甲斐駒ヶ岳の宗教的開山は比較的遅かった。

江戸後期の文化13年（1816）、長野県諏訪出身の若き修験者、小尾権三郎が苦難の末、山頂に至る登山道（現在の黒戸尾根ルート）を切り開いた。

権三郎は弘幡行者《こうばんぎょうじゃ》を名乗り、

1 山麓からも雄姿が望める甲斐駒ヶ岳
2 境内にはたくさんの石碑や石像が祀られる　3 杉の樹林に包まれた静かな境内

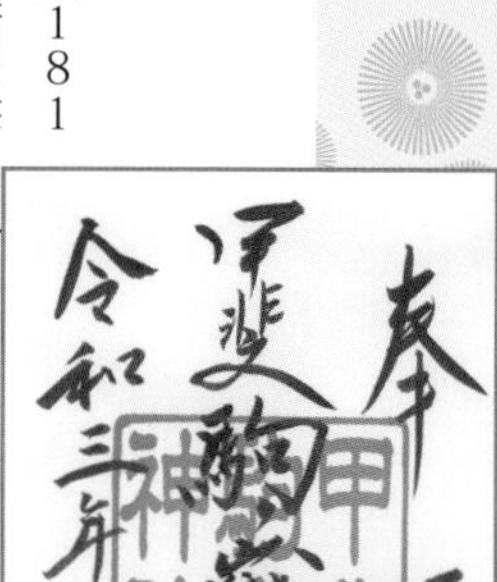

●奉拝
甲斐駒ヶ嶽神社
令和三年九月五日

主祭神
大己貴神《おおなむちのかみ》、少彦名神《すくなひこなのかみ》、天手力男神《あまのたぢからおのかみ》

ご利益
事業繁栄、病気平癒、家内安全、縁結び、子宝安産

お祭り
1月1～3日　歳旦祭
4月10～16日の日曜　例大祭
7月1日　開山祭

春の例大祭では太々神楽（だいだいかぐら）が奉納される

4神域に鎮まる前宮本社の拝殿　5境内の奥に祀られた黒白龍神社の祠　6拝殿の前にある神楽殿　7甲斐駒ヶ岳の肩にある、摩利支天峰を祀る摩利支天社

山頂に社を置いて山岳信仰の開祖となる。信仰は各地に波及し、信者の講社が次々と生まれた。

駒ヶ岳は現在でも崇敬を集め、登山者や神社参拝者が全国から大勢訪れている。

清浄な空気が満ちる 心洗われる山里の神社

山麓の竹宇《つくう》集落近くに鎮座するのが当社だ。表参道である黒戸尾根登山道の登り口に立ち、山頂の本社に対する前宮として、信仰登山の拠点となってきた。

神社の脇を日本名水百選に選ばれた尾白川《おじらがわ》が流れ、清らかな空気が境内を支配する。ここはまさに聖域である。

なお近隣の横手集落にも、駒ヶ岳神社（里宮）がある。

本宮の祠がある駒ヶ岳に登る黒戸尾根は、鎖場が連続する難路だ。登山をする人は、心して登るようにしたいものだ。

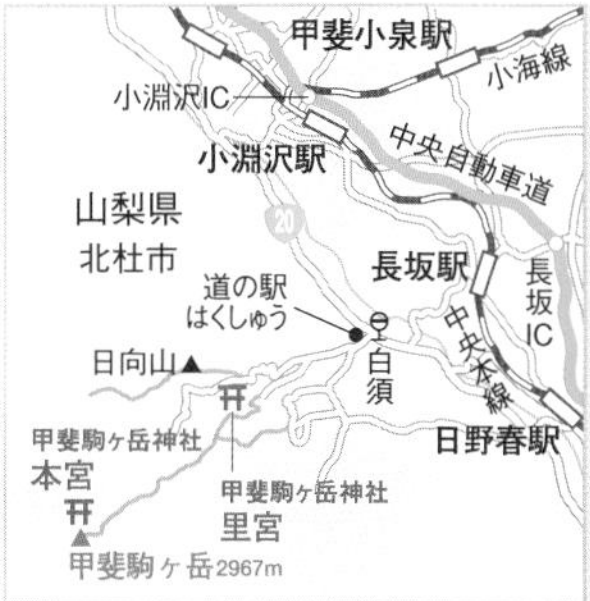

DATA

［前宮］住所：山梨県北杜市白州町白須8884-1　☎055-253-3620
拝観時間：自由　拝観料：無料
交通：JR中央本線・小淵沢駅、日野春駅から、タクシー約15分。もしくはJR中央本線・韮崎駅から、バス約40分で白須下車、そこから徒歩約60分（タクシー約8分）
車：中央自動車道・小淵沢ICから約15分、駐車場100台
［本宮］所在地：甲斐駒ヶ岳の山頂
●甲斐駒ヶ岳神社～黒戸尾根～甲斐駒ヶ岳山頂の登山ルートがあるが、急登が続きハシゴや鎖場が連続するので注意（歩行時間片道約6時間）。山梨県と長野県の県境、北沢峠から登るルートの方がやさしい
http://kai-komagatake.com

山梨県
甲府市

金櫻神社《かなざくらじんじゃ》

金峰山（きんぷさん・きんぽうさん）

里　宮●山梨県甲府市御岳町
五丈岩●金峰山山頂

桜の名所に立つ鬱《う》金《こん》桜《ざくら》で知られた古社

武田家の祈願所として甲斐の国に君臨した

渓谷美で有名な昇仙峡のすぐ上、金櫻神社は御岳《みたけ》集落を見下ろす丘の上に鎮座する。

かつて当社は甲斐に君臨し、信仰圏は信濃から関東一円におよんだという。武田家代々の祈願所として、あの信玄も崇敬を寄せ、武田家が奉納した品々が宝物として伝わっている。

ご神体は北にそびえる奥秩父山系の盟主、金峰山の絶頂に屹立する巨岩の五丈岩《ごじょういわ》だ。

修験時代には、山岳信仰の拠点となり、金峰山の里宮として、多くの修験者でにぎわった。

1 樹齢千数百年の杉がそびえる境内
2 鳥居の先の森が、当社の神域である

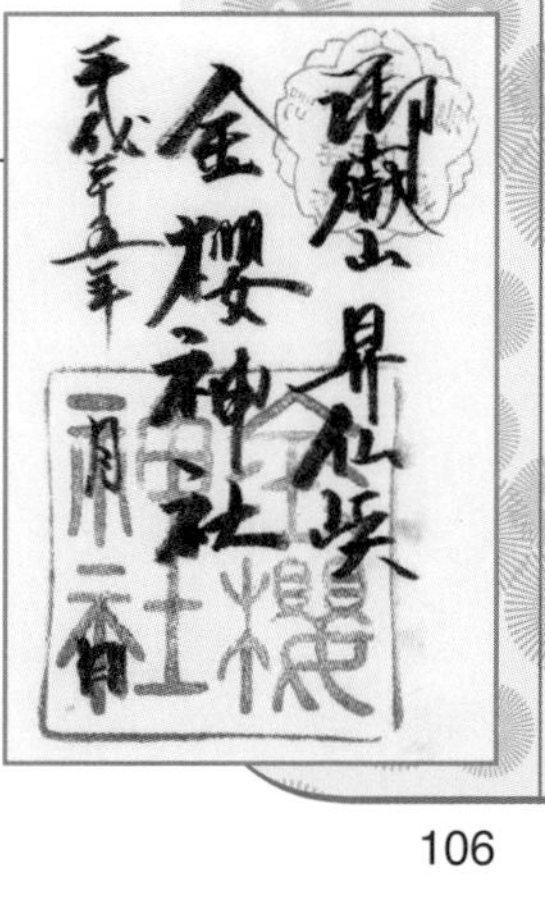

●御嶽山　昇仙峡
金櫻神社
（日付）

主祭神
少彦名命《すくなひこなのみこと》、須佐之男命《すさのおのみこと》、櫛稲田媛命《くしなだひめのみこと》、大己貴命《おおなむちのみこと》、日本武尊《やまとたけるのみこと》

ご利益
医薬禁厭、金運財運、厄難解除

お祭り
年末年始　祈願祭
4月21～22日　春季例大祭

春の例大祭の頃、境内で約600本もの桜が咲き誇る

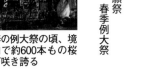

3 咲き誇ったご神木である鬱金桜　4 金峰山山頂にあるご神体「五丈岩」　5 清浄な森を背にして立つ入母屋造りの勇壮な本殿　6 奇岩が林立する昇仙峡は、覚円峰（かくえんぼう）など見所も数多い

名称の由来となった神木鬱金桜の高貴な花

社殿の隣に柵で囲われた樹木が、ご神木の鬱金桜だ。「金の成る木の金桜」として信仰され、神社名もここからきている。

4月下旬から5月上旬に、鬱金桜は淡黄色の花びらをつける。その気品にふれたくて、多くの参拝者がやってくる。

さらに境内周辺には、600本の山桜や枝垂れ桜が植えられ、鬱金桜に合わせるようにいっせいに開花する。この季節、神社ではライトアップを実施していて、都会より1か月遅れの夜桜見物はおつである。

当社では水晶の「火の玉・水の玉」を神宝とする。水晶は奥宮のある金峰山から産出し、信仰とのかかわりも深い。それにちなむ水晶の護符を手に入れ、開運を祈願するのもいいだろう。

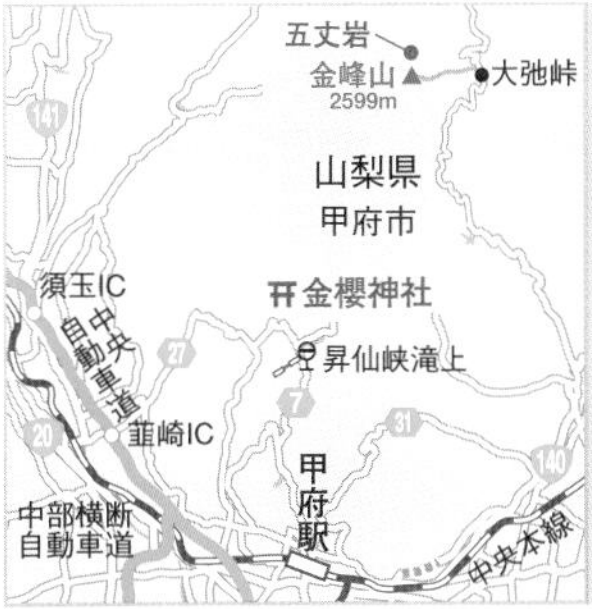

DATA

［里宮］住所：山梨県甲府市御岳町2347　☎055-287-2011
拝観時間：自由　拝観料：無料
交通：JR中央本線／身延線・甲府駅から、バス約40分で昇仙峡滝上下車。昇仙峡渓谷循環乗合バス利用。車：中央自動車道・韮崎ICから約30分、甲府昭和ICから約45分、駐車場（100台）
［五丈岩］所在地：金峰山山頂
●金峰山へは登山ルートがいくつかある。山梨県と長野県の県境、大弛峠から登るのが初心者向け。大弛峠登山口駐車場～朝日岳山頂～金峰山山頂（歩行時間往復約5時間）
http://kanazakura-shrin.webnode.jp

山梨県
身延町

七面山（しちめんさん）

七面山敬慎院《しちめんさんけいしんいん》

七面本社●山梨県身延町身延
奥之院●山梨県早川町角瀬

荘厳な富士山のご来光と天女伝説の山

東にそびえる富士から神々しく昇る日の出

七面山は日蓮宗の古くからの山岳信仰の聖地だ。熱心な信徒は総本山である身延山《みのぶさん》久遠寺《くおんじ》に参詣した後、修行として七面山に登り、山上に立つ敬慎院《けいしんいん》から富士山のご来光を仰ぐ。

富士山の日の出を拝する一級の展望台として、最近では日蓮宗でない人も訪れる山となってきた。富士のほぼ真西に位置するため、春分と秋分のころには、日の出が山頂を飾る、ダイヤモンド富士が眺められる。

登拝路は表参道と裏参道の2本がメイン。敬慎院まではどち

1豊かな自然の中を縫って延びる参道
2表参道の和光門。ここから先が境内
3伽藍広がる敬慎院。背後が七面山山頂

●摩尼珠嶺
南無妙法蓮華経
身延　七面山

御本尊
七面大明神《しちめんだいみょうじん》

ご利益
行者守護、病気平癒、罪障消滅、良縁成就

お祭り
12月31日～正月3日
歳末・太歳三ヶ日
9月18・19日　七面山大祭

本堂に掲げられている「七面大明神」の大提灯

6

4

7

5

4 敬慎院の中心、七面大明神を祀る七面本社の本殿　5 伽藍は一の池のほとりにあり、池大神社も立つ　6 富士に昇る麗しい朝日　7 七面山の女人禁制を解いた、お万の方の銅像。背後は白糸の滝

らも坂道を登ることになり、健脚派でも4時間はみておきたい。

なおご来光を見るためには敬慎院に宿泊する必要があり、ここでは朝夕の勤行が求められる。

美しい天女が住まう豊かな自然が息づく山

緑したたる参道を歩き、汗を流してたどりついた山上には、敬慎院の伽藍群が広がる。その中心になるのが、七面大明神《しちめんだいみょうじん》の神像を安置した七面本社だ。

七面大明神は日蓮宗の守護神。ある日説法する日蓮聖人の前に麗しい美女が現れた。聖人にうながされると紅色の龍に変身し、身延山の裏鬼門に当たる七面山から、久遠寺と法華経を守護することを誓った——。

天女の物語は七面山を美しく彩り、敬慎院から裏参道を1キロほど下った場所にも、七面大明神を祀る奥之院が立っている。

DATA

住所：山梨県南巨摩郡身延町身延4217-1　☎0556-45-2551
拝観時間：5：00～17：00（10～3月は5：30から）　拝観料：無料
※参籠修行（宿泊参拝）を行っている。1泊2食付 1名6,500円（御開帳料含）
交通：JR身延線・身延駅からバス約50分、もしくはJR身延線・下部温泉駅からバス約25分で七面山登山口（角瀬）下車。角瀬～羽衣はタクシー約10分。下部温泉駅から、タクシー約30～40分で羽衣まで直接いくと便利
●羽衣～七面山敬慎院（表参道）は登山となる（歩行時間片道約4時間）、角瀬～七面山敬慎院（裏参道）もある
車：中部横断自動車道・下部温泉早川ICから約20分、羽衣付近に駐車場20台　http://www.kuonji.jp/shichimenzan/

山梨県
身延町

身延山(みのぶさん)

身延山久遠寺《みのぶさんくおんじ》

本　堂●身延町身延
奥之院●身延山山頂

山腹に広がった堂塔そびえ立つ大伽藍

金剛力士を祀る三門。高さも21メートル余あって、日本三大門の一つ

大本山の格式を伝える陽光に映える仏閣群

日本三大門の一つ、勇壮な三門の先には、287段の菩提梯《ぼだいてい》が延びる。高さ107メートルのこの石段を上ると、ようやく本堂が立つ境内に到着する。

体力に不安の人は、斜行エレベーターを利用すれば、手軽に境内に上がれるのでご安心を。

身延山の山懐に抱かれた広大な境内には、本堂を筆頭に五重塔、祖師堂、御真骨堂《ごしんこつどう》などが荘厳に立ち並ぶ。さすがに日蓮宗の大本山。宗派の違いを超えて、誰もが圧倒されるだろう。

●平成二十五年二月二十六日
如説修行
南無妙法蓮華経
功徳甚多
総本山　身延山久遠寺

主祭神
十界曼荼羅《じっかいまんだら》

ご利益
心願成就

お祭り
4月6～8日　釈尊御降誕会
6月15～17日　身延山開闢会
10月11～13日　宗祖御会式

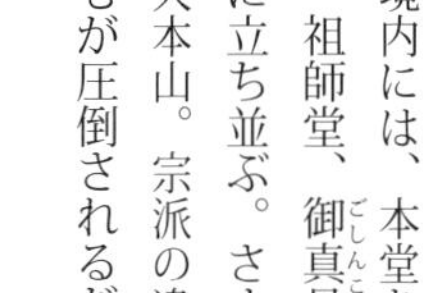
緑濃き季節に行われる「開闢会(かいびゃくえ)」の草庵法要

本堂

1 久遠寺の中心となる本堂。日蓮聖人真筆の大曼荼羅本尊を木造形にして祀る
2 山頂まで運んでくれるロープウェイ
3 江戸時代の元和年間に建てた塔を完全復元し、平成21年に再建された五重塔

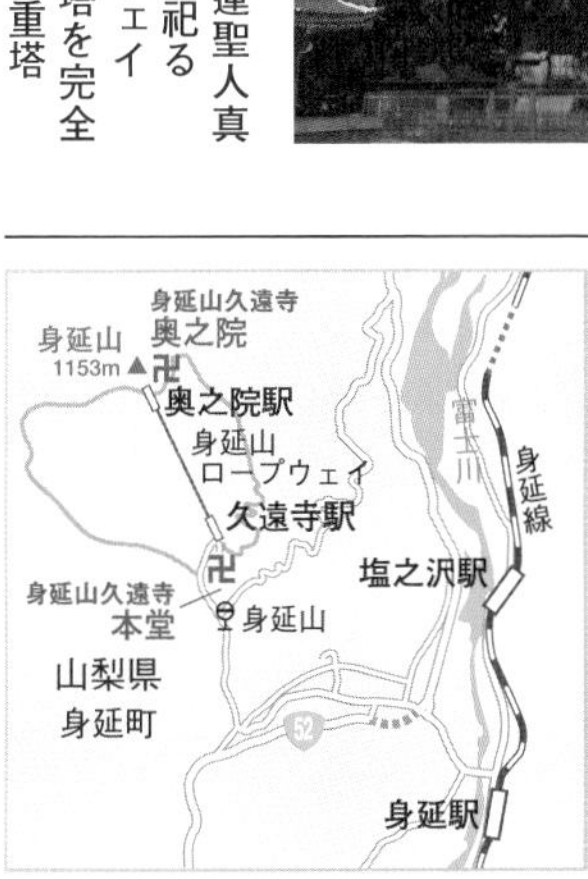

DATA

［本堂］住所：山梨県南巨摩郡身延町身延3567　☎0556-62-1011
拝観時間：5：00〜17：00（10〜3月は5：30から）　拝観料：無料
交通：JR身延線・身延駅から、バス約12分で身延山（門前町）下車。久遠寺境内まで、土日祝のみ乗り合いタクシー運行。新宿〜身延の高速バスもある　車：新東名高速道路・新清水ICから約45分、中部横断自動車道・身延山ICから約15分。町営駐車場やロープウェイ下などに駐車場あり
［奥之院］所在地：身延山の山頂付近
交通：奥之院へは、身延山ロープウェイ久遠寺駅から、約7分で奥之院駅
●久遠寺本堂裏から山頂へ至る2つのハイキングルートがある。上り（歩行時間約2時間30分）、下り（歩行時間約1時間30分）
http://www.kuonji.jp/

日蓮聖人の遺骨を守り法灯を受け継ぐ

1本堂のすぐ脇に立つ、日蓮聖人の神霊を祀る棲神閣（せいしんかく）祖師堂。聖人像を安置する
2五重塔の近くにある大鐘楼。大晦日の夜、先着1000人までがこの鐘をつける
3日蓮宗の総本山として、日々厳かな勤行が続けられている

創建以来730年余 開祖の聖地として発展

身延山が聖地と崇められるのは、日蓮聖人が晩年をすごし、その遺骨が祀られるからだ。

聖人は鎌倉時代の文永11年（1274）から9年間、西谷に草庵を構えた。8年目の弘安4年（1281）には、聖人によって久遠寺が創建されている。

その翌年、聖人が池上で亡くなると、遺言によって遺骨は久遠寺に運ばれ埋葬された。

今の境内（東谷）に伽藍《がらん》を移したのは室町時代のことだ。やがて門前町が形成され、次々と堂塔が建てられて発展を続けた。

だが明治8年の大火で全建物を焼失。寺や信徒の努力で復興し、現在に至っている。

なお平成21年には、江戸時代初期に建てられた様式そのままに、五重塔が再建された。

5

4

6

4山頂奥之院の門。この先に聖人ゆかりの思親閣が立つ
5身延山の山頂にある、展望台から望む富士山に昇る朝日
6山頂奥之院の中心仏閣、仁王門の先にある思親閣祖師堂

身延山

身延山久遠寺

大絶景が広がっている身延山の山頂展望台

本殿の背後にある山が身延山である。聖人がしばしば登り、故郷安房に住む両親をしのんだという。それにちなみ山頂には思親閣《ししんかく》祖師堂が建てられた。

山頂には展望台もあり、富士山から駿河湾、南アルプス、甲府盆地の大パノラマが楽しめる。ロープウェイを使えば一気だが、できれば途中にある数々のお堂を訪ねながら、参道から山頂を目指したい。本堂から約5キロ、2時間半の道のりだ。

本堂地下にある宝物館も必見。国宝の絹本着色夏景山水図ほか、多数の寺宝を所蔵する。

秋葉山（あきはさん）

秋葉山本宮《あきはさんほんぐう》秋葉神社《あきはじんじゃ》

上社●秋葉山の山頂
下社●麓の気田川沿い

日本各地にある秋葉神社の総本宮

息呑む絶景が出迎える霊山の山頂にある社

南アルプスの南端、秋葉山の山頂近くに立つ社殿からは、眼下に広がる遠州平野が眺められる。晴れた日なら、遠く浜名湖や遠州灘も望めるだろう。

火を司る火之迦具土大神《ひのかぐつちのおおかみ》を祀り、火防信仰で名高い秋葉山本宮秋葉神社は、秋葉山を霊山と仰ぎ、山頂に上社、麓の坂下には下社が祀られている。

全国にある秋葉神社のほとんどは、江戸時代中期に、当社から勧請《かんじょう》されたものだった。電気街で知られる東京秋葉原の地名も、分社があることに由来する。

1参道の奥に立つ、二階建ての風格ある西ノ閽の神門（にしのかどもりのしんもん）
2参道をやや下った場所にたたずむ、江戸時代に建てられた神門

●奉拝　上社
秋葉山本宮　秋葉神社
（日付）

主祭神
火之迦具土大神《ひのかぐつちのおおかみ》

ご利益
火災消除、厄除開運、商売繁盛、工業発展

お祭り
5月3日　手揉（てもみ）献茶祭
7月第4土曜　手筒花火奉納祭
12月15・16日　秋葉の火まつり

7月の第4土曜日夜に開かれる勇壮な手筒花火奉納祭

3秋葉山の山上にある格式高い上社本殿 4西ノ閽の神門を守る、南部白雲作の四神の霊獣 5幸福の鳥居の先に広がる、天竜川河口方面の絶景

江戸時代の中期からは伊勢と並ぶ参詣地に

創建は和銅2年（709）と伝えられ、古くから信仰の地として栄えた。中世には東海地方一の山岳信仰の霊場となる。

江戸時代には庶民にも信仰は広まり、各地で秋葉講が結成され、多くの人々が参拝に訪れた。その規模は伊勢参りと肩を並べるほどだったという。

御神宝には重要文化財「安縄」「弘次」「来國光」を始め、数十余振りの御神刀（刀剣）が源頼義、武田信玄、豊臣秀吉、加藤清正等の武将より奉献され現存しており、当社に対する崇敬の篤さ物語る証といえるだろう。

できれば下社から延びる古い参道を歩き、上社を訪ねたい。2時間はかかるが、常夜燈や茶屋跡など、往時の秋葉詣の繁栄をしのぶことができるはずだ。

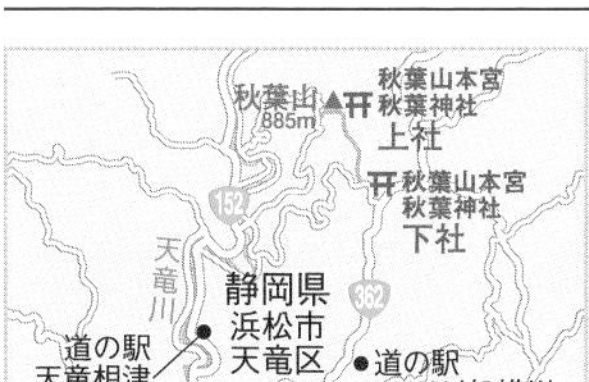

DATA

［上社］

住所：静岡県浜松市天竜区春野町領家841　☎053-985-0111

拝観時間：自由　**拝観料**：9：00〜16：00

交通：遠州鉄道／天竜浜名湖鉄道・西鹿島駅から、タクシー約30分

車：新東名高速道路・浜松浜北ICから30分、駐車場（300台）

●下社へは新東名高速道路・浜松浜北ICから30分、駐車場（300台）。
下社〜上社は車でいけるが、参道を登ってもいける（歩行片道約2時間）

http://www.akihasanhongu.jp

静岡県
熱海市

伊豆山神社《いずさんじんじゃ》

岩戸山の麓（いわとやまのふもと）

東日本に君臨した修験信仰の大霊場

頼朝と政子の逢瀬から縁結び神社として人気

伊豆山神社は熱海東部の丘陵にある。石段の参道をたどり、本殿が立つ高台に上ると、青く澄んだ相模湾が目にまぶしい。

源頼朝と北条政子がここで逢瀬を重ね、恋の舞台となったことから、縁結び神社として知られる。境内には頼朝と政子の腰掛石や縁結びの木もあり、若い女性の参詣が絶えない。本殿脇の小路を1時間ほどたどれば、元宮である本宮社に着く。その途中には縁結びの結明神《むすぶみょうじん》本社もあるが、この散策はどちらかといえば健脚向きだろう。

1桜の名所としても知られる伊豆山神社の境内　2本殿奥の山中にある、日精と月精の夫婦神を祀る縁結びの結明神本社

●関八州総鎮護
伊豆山神社
奉拝　令和三年九月八日

主祭神
伊豆山神《いずさんのかみ》

ご利益
縁結び、家内安全、強運、商売繁盛、火防鎮火

お祭り
2月3日　節分祭
4月15日　例大祭
11月23日　新嘗祭（にいなめさい）

参道麓の走湯神社。伊豆山信仰の始まりの湯となった日本三大古泉の一つ

3丘の上に立つ朱塗りの本殿　4頼朝と政子の逢瀬にちなむ腰掛石　5当社が現在地に遷座する前、信仰の中心だった地に立つ、元宮の本宮社　6長い石段の参道を上り、中腹にある本殿を目指す

鎌倉、室町時代には東日本の宗教センター

明治の神仏分離までは、伊豆大権現、走湯大権現《そうとうだいごんげん》と呼ばれた。平安後期にはすでに国内有数の修験霊場だったが、鎌倉期になると、東日本の宗教センターに変貌する。幕府の庇護の下、箱根権現とともに有力寺社の上に立ち、宗教政策を主導した。

所領は関東、中部におよび、ここ伊豆山の丘陵には、3800もの堂塔がひしめいていたという。修験道の開祖、役行者伝承の成立にも深くかかわり、江戸時代に興った富士山信仰の発生母体にもなった。そんな歴史も、今では知られていない。

伊豆半島の海岸線には、祭祀遺構が点々と残る。当社を拠点とした修験の活動跡だった。

当社の参拝では、そんな往時の歴史にも思いを馳せたい。

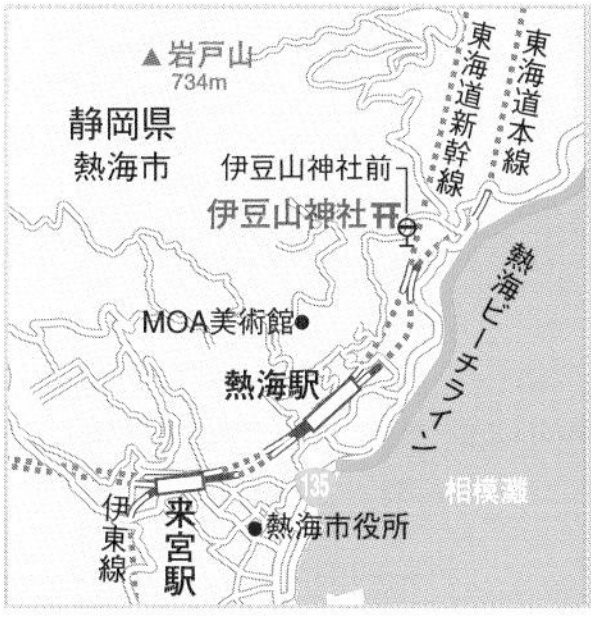

DATA

住所：静岡県熱海市伊豆山708番地の1　☎0557-80-3164
拝観時間：9：00～16：00
拝観料：無料
交通：JR東海道新幹線／東海道本線／伊東線・熱海駅から、バス約7分で伊豆山神社前下車すぐ
車：東名高速道路・厚木ICから約1時間10分、駐車場（30台）
http://www.izusanjinjya.jp/

静岡県
静岡市

久能山《くのうざん》東照宮《とうしょうぐう》

久能山(くのうざん)

徳川家康を祀る山上に立つ国宝の社殿

絢爛豪華な建物が並ぶ駿河湾を見下ろす高台

日本平からロープウェイも出ているが、できれば坂下から1159段の石段を上りつめ、山上に広がる華麗な社殿を訪ねたい。昭和32年にロープウェイが開通するまでは、この石段が唯一の参詣路だった。

上るにつれ群青の海が奥行を増し、はるか遠くに伊豆半島がかすむ。社殿までは30分ほどをみておけばいいだろう。一ノ門の先には格調高い建物群が並ぶ。権現造り、総漆塗りの様式で造営された社殿は、目にも鮮やかで国宝指定もうなずける。

1一ノ門から見た陽光に輝く駿河湾。まさに絶景である　2当時の建築技術と芸術の粋を集めて久能山東照宮は創建された

●奉拝　駿河國久能山
久能山東照宮
令和三年九月七日

主祭神
徳川家康公

ご利益
開運厄除、健康長寿、商売繁盛、学芸成就

お祭り
2月16・17日　春季大祭
4月17日　御例祭
(徳川家康公命日)
10月17日　秋季大祭

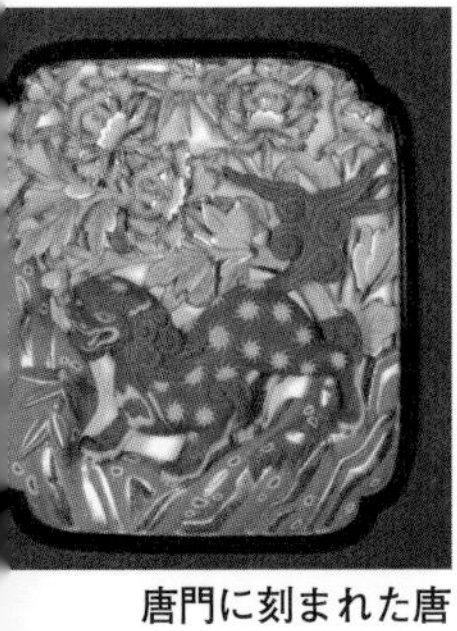

唐門に刻まれた唐獅子と牡丹の彫刻

3 艶やかな拝殿。石の間、本殿ともに国宝に指定される
4 家康の亡骸を埋めた、境内最奥部の高台にある神廟

要害の地で神となり 関八州《かんはっしゅう》を守る徳川家康

大坂夏の陣で実質的に戦国時代を終わらせた徳川家康は、その翌年の元和2年（1616）、駿府城で亡くなった。

遺命により亡骸は久能山に運ばれ、直ちに神になる儀式が執り行われた。家康を東照大権現として祀る久能山東照宮はこうして始まった。

家康は自らの遺骸を西に向けるよう命じて逝く。まだ西国には徳川幕府の威光は完全には届かず、この急峻な要害の地から睨みを利かし、関八州を守ろうと意図したためだ。

神霊は一周忌をもって日光に分祀されたが、久能山はその後も江戸幕府開祖への崇敬を集めた。最奥部にあるのが神廟《しんびょう》で、中央にある石塔は、創建時と同じく今でも西方に向いて立つ。

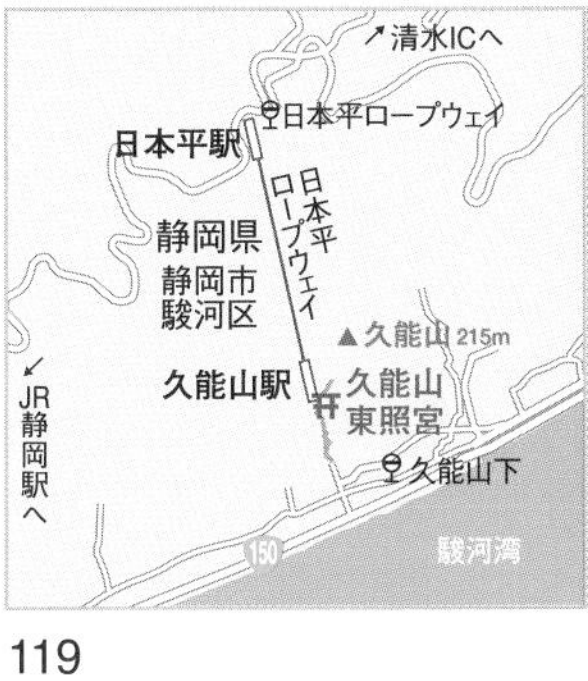

DATA

住所：静岡県静岡市駿河区根古屋390　☎054-237-2438
拝観時間：9：00～17：00
拝観料：大人500円、子供200円
交通：JR東海道新幹線／東海道本線・静岡駅から、バス約40分で日本平ロープウェイ下車。日本平駅から、ロープウェイ約5分で久能山駅下車すぐ　**車**：東名高速道路・清水ICから約40分で日本平山頂、駐車場（100台）。そこからロープウェイを利用
●久能山下から歩く方法もある。JR静岡駅から、バス約40分で東大谷下車、乗り換えてバス約15分で久能山下下車。そこから1159段の石段を徒歩約20～30分上る。車の場合、久能山下周辺の駐車場に停める
http://www.toshogu.or.jp

富士山（ふじさん）

富士山本宮浅間大社《ふじさんほんぐうせんげんたいしゃ》

本宮●静岡県富士宮市宮町
奥宮●富士山山頂
久須志神社●富士山山頂

清らかな霊峰富士の妙なる女神を奉斎

富士山の南西麓に立つ浅間大社。平安初期にこの地に遷座されたという

神の峰を背に鎮座する 全国浅間神社の総本宮

ここ浅間大社は富士山をご神体として、その神霊である木花《このはな》之佐久夜毘売命《のさくやひめのみこと》を祀る。

木花之佐久夜毘売命は、神話に登場する麗しき女神だ。桜花の化身ともされ、そのため境内には多数の桜が植えられている。

古来から朝廷に崇敬され、武士の時代になると源頼朝や足利尊氏、武田信玄、徳川家康ら時代の立役者が土地を寄進。

現在の本殿も、慶長9年（1604）に徳川家康が建てたもので、国指定の重要文化財である。

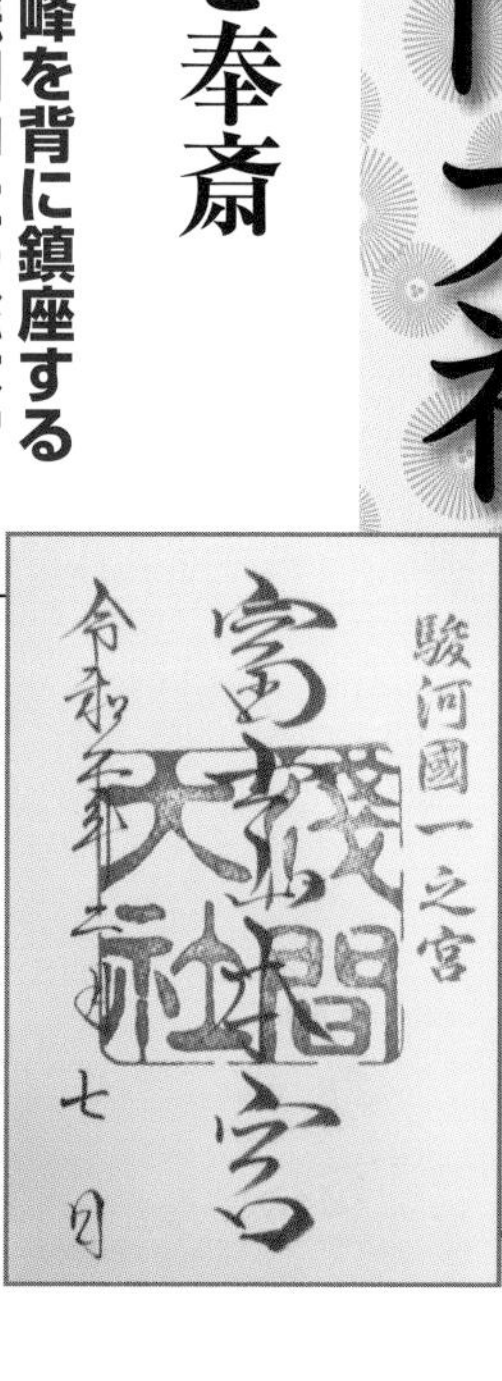

●駿河國一之宮
富士山本宮
令和二年二月七日

主祭神
浅間大神《あさまおおかみ》（木花之佐久夜毘売命《このはなのさくやひめのみこと》）

ご利益
火難消除、安産、縁結び、航海、漁業、機械等の守護

お祭り
5月4～6日　流鏑馬（やぶさめ）祭
11月3～5日　例祭

源頼朝の流鏑馬の奉納が起源と伝えられる「流鏑馬祭」

1 家康が江戸初期に造営した社殿。拝殿背後には二重の楼閣構造の本殿が立つ
2 富士山の清冽な伏流水が湧き出る湧玉池(わくたまいけ)。国指定の特別天然記念物
3 漆塗りも鮮やかな浅間大社社殿の内部

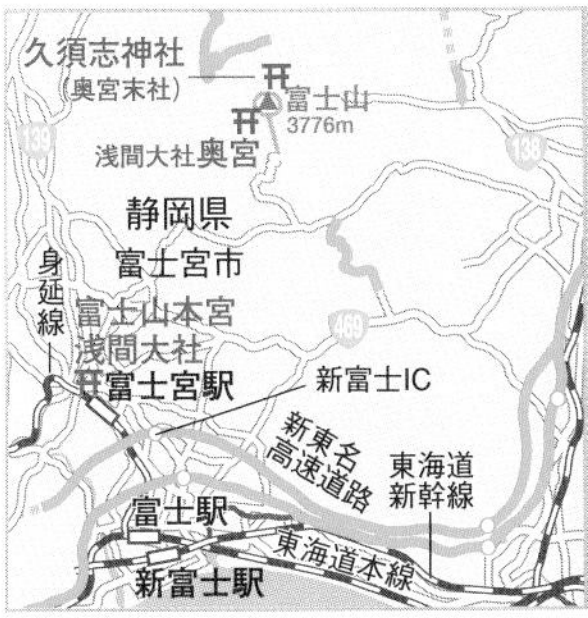

DATA

［本宮］ 住所：静岡県富士宮市宮町1-1　☎0544-27-2002
拝観時間：5：00〜20：00（3・11月は5：30〜19：30、11〜2月は6：00〜19：00）　拝観料：無料
交通：JR身延線・富士宮駅から徒歩約10分。もしくは新幹線新富士駅からタクシー約30分。東京駅〜富士宮間の高速バスもある
車：新東名高速道路・新富士ICから約15分。駐車場150台
［奥宮］ 所在地：富士山の山頂
●表口（富士宮口）から登拝した山頂に鎮座（歩行時間片道約5時間50分）
●奥宮から久須志神社へは、お鉢廻りをしながら徒歩約30分
●7・8月の開山期には神職が奉仕し、御朱印対応あり
http://fuji-hongu.or.jp/sengen/

年間30万人が登る日本一の富士山の山

1富士山の影が雲海に映る影富士。早朝と夕方に出現する
2久須志神社の鳥居の先に広がる関東平野の美しい大夜景
3奥宮から拝したご来光。これを仰ぐために登山者は早朝から山頂で待機する

富士山山頂に鎮座する浅間大社の古き二社

夏山シーズンには、登山道に渋滞もできるほどのにぎわい。人生一度は富士山に登りたいと、年間30万人が霊峰を目指す。

山頂には浅間大社の奥宮と、奥宮の末社久《く》須《す》志《し》神社《じんじゃ》が鎮座していて、登頂記念に参拝するのが習わしだ。広く知られていないが、富士山の八合目以上は江戸幕府から寄進され、今でも浅間大社の社有地となっている。

富士登山の歴史は古く、すでに鎌倉時代には、多くの修験者が登拝する山になっていた。

江戸時代になると庶民が蟻の行列をつくる大ブームに発展。江戸の町には八百八講といわれるほどの参拝組織が誕生した。

この信仰登拝の血脈は、現在の富士登山ブームのなかにも、確実に継承されている。

久須志神社

4

5

4吉田口の頂上にある久須志神社。最高点剣ヶ峰とは火口を挟んで逆に位置する 5御殿場口頂上にある銀明水（ぎんめいすい）。霊水として奥宮でいただける 6富士宮口頂上にある奥宮。夏山シーズンだけ参拝できる

奥宮

6

静岡県

富士山本宮浅間大社

富士山

よく整備された登山道 一度は頂に立ちたい山

実は山登りの世界では、富士山は中級者の山とされている。急峻な岩稜があるわけでもなく、中腹の五合目から登るため、歩く距離もアルプスの山に比べれば少ない。山小屋もたくさんあって、その人の体力やペースに合った登山が楽しめる。

トレーニングさえ積めば、山頂を極めることは可能だ。困難を乗り越え、絶頂に立ったときの感動はなにものにもかえ難い。

ただし標高は3776メートルと日本最高であり、高山病や悪天候にも悩まされる。安易な登山は危険だとキモに銘じよう。

富山県
立山町

立山(たてやま)

雄山神社《おやまじんじゃ》

立山頂上 峰本社●立山雄山山頂
芦峅中宮 祈願殿●立山山麓
岩峅 前立社壇●立山山麓

北アルプスの立山で地獄と浄土を体験

天空の絶頂に鎮座する古き信仰を伝える社

室堂《むろどう》に立つと、たおやかな立山連峰が眼前に広がる。右の盛り上がりが雄山で、頂の雄山神社の社も遠望できるだろう。

立山信仰の歴史は古く、平安時代には都にも知られていた。それが爆発的に広まったのは江戸時代だ。各地から庶民が集い、列をなして雄山に登拝した。

人気を博した理由は、地獄と極楽をセットにした点にある。室堂周辺のみくりが池、地獄谷を地獄に見立て、雄山を阿弥陀如来が住まう浄土とした。生きながらあの世の地獄を体

1 立山連峰を映す室堂にあるみくりが池
2 登山基地の室堂には温泉も湧いている
3 地獄谷内にある地獄の一つ、百姓地獄

【御朱印画像の掲載はありません】
●山頂の授与所でシーズン中、御朱印の対応をしています
※峰本社神殿前で登山安全のご祈祷を受けると「立山頂上雄山神社」の赤札が授与される

主祭神
伊邪那岐神《いざなぎのかみ》、天手力雄神《あめのたぢからおのかみ》

ご利益
勝利祈願、家業繁栄、良縁祈願、厄除開運

お祭り
7月 開山祭
7月25日 峰本社例祭
8月 全山末社祭

立山は開山シーズンの夏場に一斉に花が咲く

4 標高3003メートルの雄山山頂に立つ雄山神社の峰本社
5 新造された峰本社の本殿。参拝するには拝観料が必要

験すれば、地獄に落ちないという逆修という考え方にもとづき、まず地獄谷でシミュレーション。その後、雄山に登って極楽を味わう。立山詣は極楽往生を願う江戸時代の庶民の夢だった。

奇怪な噴気塔が立つ 荒涼たる地獄谷の景観

雄山までは2時間半の登りだが、もちろん完全に登山であり、登拝するには山支度が求められる。一ノ越までなら歩道も整備され、体力に自信のない人は、ここまでにするのが無難だ。

さて江戸時代の庶民が憧れた地獄巡りだが、噴気活動の活発化により、地獄谷は立ち入り禁止になっている。残念だが、室堂のエンマ台から眺めよう。

西麓には、登山基地として栄えた芦峅《あしくら》中宮と岩峅前立社壇《いわくらまえだてしゃだん》がある。貴重な宗教遺構も残るので、そちらにも足を運びたい。

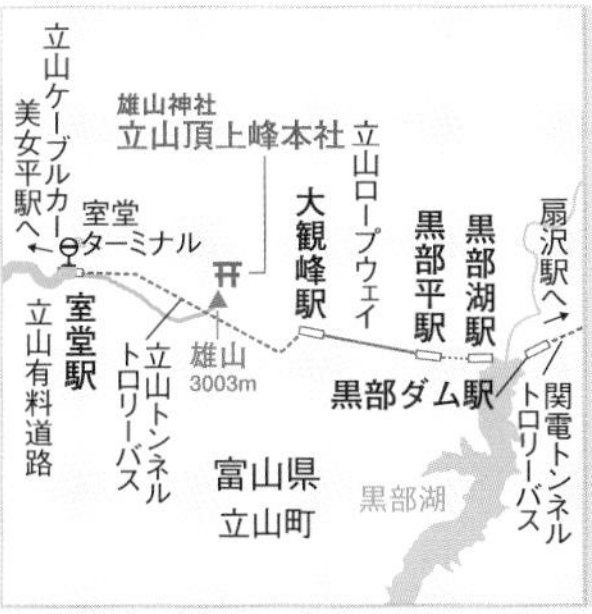

DATA

住所：富山県中新川郡立山町芦峅寺立山峰1（雄山頂上）
☎076-482-1059
拝観時間：日の出～15：00頃（7月1日～9月30日）　**登拝料**：500円
交通：立山黒部アルペンルートを利用。［長野側から］JR大糸線・信濃大町駅～（バス約40分）～扇沢駅～（関電トロリーバス約15分）～黒部ダム駅～（徒歩約15分）～黒部湖駅～（ケーブルカー約5分）～黒部平駅～（ロープウェイ約7分）～大観峰駅～（トロリーバス10分）～室堂ターミナル
●室堂平～一ノ越山荘～山頂峰本社は登山となる（歩行時間片道約2時間30分、標高3003mとなり空気が薄くなるので注意）
●車の場合［長野側］長野自動車道・安曇野IC～扇沢駐車場（700台）
●芦峅中宮 祈願殿、岩峅 前立社壇は富山側の麓にあり
http://www.oyamajinja.org

索引

INDEX

あ

赤城神社　赤城山　群馬県……72
秋葉山本宮　秋葉神社　秋葉山　静岡県……114
有明山神社　有明山　長野県……88
伊豆山神社　岩戸山の麓　静岡県……116
大日向山　大陽寺　奥秩父　埼玉県……32
太平山神社　太平山　栃木県……58
大山阿夫利神社　大山　神奈川県……20
雄山神社　立山　富山県……124
御嶽神社　御嶽山　長野県……90

か

甲斐駒ヶ嶽神社　甲斐駒ヶ岳　山梨県……104
加蘇山神社　石裂山　栃木県……60
金櫻神社　金峰山　山梨県……106
金鑚神社　御嶽山　埼玉県……34
鹿野山　神野寺　鹿野山　千葉県……44
加波山三枝祇神社本宮　加波山　茨城県……50
加波山神社　加波山　茨城県……52
錦屏山　瑞泉寺　鎌倉　神奈川県……30